W0194547

Jutta Schwenk

Eberhard Schwenk

Praxis Probleme Pädagogik

Trainingsprogramm zur Steigerung der Analysekompetenz

für Studenten, Referendare, Berufseinsteiger und Lehrerbildner aller Schularten

Schneider Verlag Hohengehren GmbH

Umschlaggestaltung: Gabriele Majer, Aichwald

Fotos: Eberhard Schwenk privat

Leider ist es uns nicht gelungen, die Rechteinhaber aller Texte und Abbildungen zu ermitteln bzw. mit ihnen in Kontakt zu kommen.
Berechtigte Ansprüche werden selbstverständlich im Rahmen der üblichen Vereinbarungen abgegolten.

Gedruckt auf umweltfreundlichem Papier (chlor- und säurefrei hergestellt).

Bibliografische Information der Deutschen Nationalbibliothek

Die Deutsche Nationalbibliothek verzeichnet diese Publikation in der Deutschen Nationalbibliografie; detaillierte bibliografische Daten sind im Internet über ›http://dnb.d-nb.de‹ abrufbar.

ISBN 978-3-8340-0614-1

Schneider Verlag Hohengehren, Wilhelmstr. 13, 73666 Baltmannsweiler

Das Werk und seine Teile sind urheberrechtlich geschützt. Jede Verwertung in anderen als den gesetzlich zugelassenen Fällen bedarf der vorherigen schriftlichen Einwilligung des Verlages. Hinweis zu § 52a UrhG: Weder das Werk noch seine Teile dürfen ohne vorherige schriftliche Einwilligung des Verlages öffentlich zugänglich gemacht werden. Dies gilt auch bei einer entsprechenden Nutzung für Unterrichtszwecke!

© Schneider Verlag Hohengehren, 73666 Baltmannsweiler 2009
Printed in Germany – Druckerei Djurcic, Schorndorf

Inhaltsverzeichnis

Vorwort IX

1. Vor dem Training 1

1.1 Die Idee der Praxisprobleme 1
1.2 Begriffsklärung 1
1.3 Vernetzungsaspekt 3
1.3.1 Visualisierung der Vernetzung 3
1.3.2 Defizite 4
1.3.3 Strukturbeispiele 4
1.4 Die Problemanalyse 6
1.4.1 Mind Map oder Concept Map 6
1.4.2 Lösungshilfen 10
1.5 Erfahrungen 13
1.5.1 Unterrichtsberatung 13
1.5.2 Seminararbeit 13
1.5.3 Mündliche Prüfung 14

2. Auf die Plätze, fertig, los! 16

2.1 Trainingsplan 16
2.2 Intentionen 16
2.3 Trainingsmaterial 17
2.4 Sammlung von Praxisproblemen 17
2.4.1 zu Autorität und Lehrerpersönlichkeit 19
2.4.2 zur Disziplin 25
2.4.3 zu Elternarbeit und Elterngesprächen 32
2.4.4 zur Hausaufgabenpraxis 39
2.4.5 zur Klassenführung 46
2.4.6 Trainingspause 52
2.4.6.1 Trainingsfutter 53
2.4.7 zur Klassenübernahme 58
2.4.8 zu Kommunikation 64
2.4.9 zum Lehr- und Lernprozess 71
2.4.10 zu Leistungsmessung und Notengebung 80

2.4.11 zu Mobbing und Gewalt . . . 88
2.4.12 zu Motivation . . . 96
2.4.13 zur Schulentwicklung . . . 104
2.4.14 zum Schuljahresanfang . . . 114
2.4.15 zum Umgang mit Problemschülern . . . 120
2.4.16 zu Unterrichtsmethoden . . . 128
2.4.17 zur Zusammenarbeit in der Ausbildung . . . 134

3. Ende gut, alles gut . . . 137
3.1 Selbstkonzept . . . 137
3.2 Persönlichkeitsprofil . . . 140
3.3 Videoanalyse . . . 141
3.4 Bilanz . . . 143
3.5 Zur Belohnung . . . 144

4. Anhang: Analysebeispiele . . . 145
4.1 Musterlösungen . . . 148
4.2 Weitere Mind Maps . . . 151

Anmerkungen . . . 156

Veröffentlichungen – welche die Arbeit mit Praxisproblemen didaktisch begründen . . . 158

Liste der Mind Maps . . . 159

Liste der Lösungshilfen und Tipps . . . 160

Liste der Abkürzungen . . . 161

Danksagung

Unser Dank gilt an dieser Stelle vor allem Dr. Wolfgang Klier, der über zwei Jahrzehnte entscheidend mitgeholfen hat den Begriff „Praxisproblem“ in der Seminarausbildung von Lehramtsanwärtern oder Referendaren in Deutschland zu verbreiten. Zweitens gilt der Dank Gerhard Krein, der 1996 eine erste unsortierte Sammlung von Praxisproblemen erstellte.

Beide waren bis zu ihrer Pensionierung als Seminarschulräte am Staatlichen Seminar für Didaktik und Lehrerbildung in Pforzheim tätig.

Die Autoren

Vorwort

Das vorliegende Buch erschöpft sich nicht in Tipps und Ratschlägen für Lehrerinnen und Lehrer in schwierigen Unterrichtssituationen. Dieses Buch setzt früher an und bietet für angehende und junge Lehrer aller Schularten ein Trainingsprogramm, mit dem sie gezielt ihre Analysekompetenz steigern können. Das Buch bietet eine Menge vielfältigster Alltagssituationen, die wir beschreiben und zu Problemen erheben, die zu analysieren sind. Das Analysieren unterstützen wir durch Mind Maps, Begriffslisten und Beispiellösungen. Außerdem sind zahlreiche Möglichkeiten der Selbstkontrolle eingebaut.

Die Nutzer dieses Buches werden mit Visualisierungstechniken und Kreativmethoden vertraut gemacht, mit deren Hilfe sich Praxisprobleme leichter durchschauen und analysieren lassen. Diese Verfahren sind in der Berufspädagogik und in Betrieben bekannt, stellen aber in der Schulpädagogik eine Neuheit dar.

Wer das Programm durcharbeitet, steigert seine pädagogische Reflexionskompetenz und bereitet sich dadurch effektiv auf Lehramtsprüfungen vor. Außerdem qualifiziert es für die Bewältigung von Assessments bei Bewerbungen um Führungspositionen außerhalb der Schule. Aber auch für Berufseinsteiger in den ersten Dienstjahren wird die Arbeit mit dem Trainingsbuch gewinnbringend sein, denn die Grundüberlegung lautet:

Mit jeder gedanklichen Durchdringung einer Alltagssituation nimmt die Handlungsfähigkeit eines Lehrers zu.

Für Lehrerbildner an Seminaren und Hochschulen bietet das Buch eine Menge Arbeitsmaterial für Lehrveranstaltungen und Prüfungsvorbereitungen in Pädagogik.

Im dritten Kapitel richten wir den Fokus auf den Lehrer selbst und bieten mit Analysefragen zum Selbstkonzept, einem Einschätzungsbogen zum Persönlichkeitsprofil und einem Protokollblatt zur Videoanlyse interessante Instrumente zur Erweiterung der Selbstreflexion.

Remchingen, im Juli 2009 Jutta und Eberhard Schwenk

1. Vor dem Training

1.1 Die Idee der Praxisprobleme

Im Frühjahr 1982 wurde in Baden-Württemberg auch für Grund- und Hauptschulen sowie Realschulen der Vorbereitungsdienst eingerichtet. Zu den fünf gymnasialen Seminaren kamen so weitere 18 hinzu. Die neuen Seminare konnten damals den Weg der weitgehend theorieorientierten Vermittlung der gymnasialen Seminare allerdings nicht mitgehen. Am Seminar Pforzheim verschrieben sich deshalb und wegen der Ausbildungsordnung von Anfang an zahlreiche Ausbilder dem *Prinzip der Praxisorientierung.*

Gemeint ist damit, die Probleme der Referendare in den Seminarveranstaltungen zum Gegenstand der Arbeit zu machen. Referendare haben so die Chance, aktiv über die inhaltliche Gestaltung der Seminararbeit mitzuentscheiden. Thematische Notwendigkeiten der entsprechenden Ausbildungsordnung bleiben dabei natürlich nicht ausgeklammert, genau so wenig wie notwendige, weil relevante, Theoriebestandteile. Das soll zum Ausdruck bringen, dass die intendierte Praxisorientierung immer auch Theoriearbeit einschließt, allerdings hat Theorie dabei eine eindeutig dienende Funktion. Klier und Schwenk haben das 1989 näher ausgeführt.[1]

These

Durch das Einbringen und Bearbeiten der Probleme aus der Praxis der Referendare werden die Betroffenen zu Beteiligten und sie übernehmen Verantwortung für ihren eigenen Qualifizierungsprozess.

Die Praxisprobleme sind so gesehen das Herzstück einer teilnehmerorientierten Lehrerausbildung.

In einer Zeit, in der *selbstorganisiertes Lernen, das Selbstkonzept*, der *sich selbst entwickelnde Lehrer* und *die Schule als lernende Organisation* Trendbegriffe in der Pädagogik darstellen, könnte das Einlösen der obigen These durchaus auch bildungspolitisch gewollt werden.

Die Vorbereitung des Lehrernachwuchses auf die schulische Alltagswirklichkeit und auf das berufliche Handeln in komplexen Entscheidungssituationen machen jedenfalls eine Auseinandersetzung mit Praxisproblemen unumgänglich.

1.2 Begriffsklärung

Referendare berichten in der Regel in zumeist ritualisierten Erfahrungsrunden mündlich oder schriftlich von ihren unterrichtlichen Alltagserfahrungen. Dabei entstehen kurze Situationsbeschreibungen, die häufig mit einer Fragestellung enden, wie z. B. Könnt ihr mir einen Rat geben? Wie kann ich das machen? Woran liegt das? Geht es euch auch so? usw. Derartige unterrichtliche oder schulische Probleme der auszubildenden Referendare nennen wir *Praxisprobleme*, weil

- der Referendar eine Problemstellung aus der Praxis in die Gruppe einbringt;
- auch wir solche PraxisBeschreibungen als Problem einbringen;
- ebenso Mentoren von Problemen in der Praxis berichten.

Die Begriffe Fall, Fallgeschichte, Falldarstellung o.ä. halten wir für weniger zutreffend, weil diese Darstellungen normalerweise umfangreicher sind.[2]

Referendare oder Ausbilder können neben den wörtlichen Darstellungen ihre Praxisprobleme auch in Bild- oder Ton- bzw. Videodokumenten und in Form von Gegenständen einbringen.

Im vorliegenden Buch geht es ausschließlich um Praxisprobleme in Textform, wobei wir diese prinzipiell nach ihrer Länge unterscheiden können.

Textbeispiele

Kurzes Praxisproblem:

Ein Junge in der vierten Klasse fängt schnell an zu weinen, sobald der Lehrer ihn verbessert oder ihn ermahnt, wenn er z. B. die Hausaufgaben vergessen hat.

Mittellanges Praxisproblem:

An der Schule gibt es eine erste Klasse, die sehr „träge" ist. Dem Referendar fällt es schwer bzw. gelingt es nicht, sie für etwas zu interessieren. Beim Sitzkreis heißt es:

„Äh, muss das sein?"; beim Malen: „Ich will nicht malen!" Bastelarbeiten erledigen die Kinder schnell und schlampig nach dem Motto „Hauptsache fertig".

Langes Praxisproblem:

Eine Referendarin unterrichtet in einer Klassenkombination 5/6 Religion 23 Schüler.

Ein Schüler nutzt jede Gelegenheit den Unterricht durch „Albernheiten" zu stören. Bei Partner- oder Gruppenarbeit hält er die andern durch allerlei Unsinn, Witze und Späße vom Lernen ab. In gemeinsamen Arbeitsphasen ist sein Verhalten noch problematischer. Hierzu ein Beispiel: Die Klasse sitzt im Stuhlkreis und die Schüler sollen etwas beschreiben. Da meldet sich der betreffende Junge und redet nur Unsinn. Sein Beitrag hat mit dem Thema der Stunde und dem Bild am Boden nichts zu tun.

Ein weiteres Unterscheidungskriterium könnte der *Komplexitätsgrad* der Praxisprobleme sein. Praxisprobleme sind i. d. R. um so komplexer, je weniger Signalwörter oder Signal-Wortgruppen sie enthalten. Zur Verdeutlichung folgt die Analyse der drei Textbeispiele:

a) Ein <u>Junge</u> in der <u>4. Klasse</u> fängt schnell an zu <u>weinen</u>, sobald der<u>Lehrer</u> ihn <u>verbessert oder ihn ermahnt</u>, wenn er z. B. die Hausaufgaben vergessen hat. = 5 S

b) An der Schule gibt es eine <u>erste Klasse</u>, die sehr <u>„träge"</u> ist. Dem <u>Referendar</u> fällt es schwer bzw. <u>gelingt es nicht</u>, sie für etwas <u>zu interessieren</u>. Beim <u>Sitzkreis</u> heißt es: „Äh, muss das sein?"; beim Malen: „<u>Ich will nicht</u> malen!" Bastelarbeiten erledigen die Kinder <u>schnell und schlampig</u> nach dem Motto „Hauptsache fertig". = 8 S

c) Eine <u>Referendarin</u> unterrichtet in einer <u>Klassenkombination 5/6</u> <u>Religion</u> <u>23 Schüler</u>. Ein <u>Schüler</u> nutzt jede Gelegenheit den Unterricht durch „Albernheiten" zu <u>stören</u>. Bei <u>Partner- oder Gruppenarbeit</u> hält er die andern durch allerlei Unsinn, Witze und Späße vom Lernen ab. In <u>gemeinsamen Arbeitsphasen</u> ist sein <u>Verhalten noch problematischer</u>. Zum Beispiel: Die Klasse sitzt im <u>Stuhlkreis</u> und die Schüler sollen etwas beschreiben. Da <u>meldet sich</u> der betreffende <u>Junge und redet nur Unsinn</u>. Sein Beitrag hat mit dem Thema der Stunde und dem Bild am Boden nichts zu tun. = 11 S

Neben dem Signalwortverfahren kann man die Texte nach den enthaltenen Kernfragen durchsuchen. Dabei ergeben sich folgende Fragen:

zu a) Wie soll ich einen empfindlichen Viertklässler behandeln?
zu b) Wie kann ich eine lethargische erste Klasse motivieren?
zu c) Wie kann ich mit einem störenden Schüler umgehen?

Durch die *Reduktion der Praxisprobleme* wird klar, dass es sich letztlich bei Praxisproblemen immer um Entscheidungssituationen handelt. Insofern sind sie Wertdilemmageschichten nicht unähnlich. Zumal meistens mehrere Lösungsansätze oder Handlungsmöglichkeiten miteinander konkurrieren.

Allerdings wäre der Eindruck einer ausschließlichen Negativ- oder Konfliktpädagogik im Zusammenhang mit Praxisproblemen falsch, denn oft gehen die Kernfragen in folgende Richtungen:

- Warum hat die Gruppenarbeit viel besser geklappt als zuvor?
- Ich habe nun eine andere Einstellung und weiß nicht woran das liegt?
- Mir gefällt das Time-out-Prinzip, wie gehe ich das an?

Die Kernfragen – so oder so – sind die Erzählkerne der Praxisprobleme und häufig beginnen Studenten bei Praktika oder Referendare in der ersten Zeit des Vorbereitungsdienstes damit ihre Nachbesprechungen oder Reflexionen. Erst durch Nachfragen entwickeln sich dann im Gespräch aus den Kernfragen ganze Praxisprobleme, die mit zunehmender Informationsfülle immer konkreter werden und so an Komplexität verlieren.

1.3 Vernetzungsaspekt

Im Unterricht sind Referendare Akteure in einer komplexen Alltagswirklichkeit. Sie machen ihre Erfahrungen und gewinnen ihre Erkenntnisse nicht in Teildisziplinen oder Teiltheorien, sondern in vernetzten Prozessen innerhalb des *Handlungsfeldes Schule*[3]. In diesem sich zunehmend rascher wandelnden Handlungsfeld lernt der Referendar in unmittelbarer Konfrontation mit seinen Praxisproblemen fertig zu werden, oder er erlebt sein Scheitern.

Eine Darstellung des Handlungsfeldes, also der komplexen Alltagswirklichkeit, leistet sehr überzeugend die Sozialgeografie. Das Modell der sogenannten Grunddaseinsfunktionen (z. B. in Gemeinschaft leben, sich bilden, usw.) ist am besten geeignet, alle Daseinsäußerungen der menschlichen Existenz[4] und deren Vernetzung zum Ausdruck zu bringen.

Dieses von Ruppert K. / Schaffer F. bereits 1969 entwickelte Modell[5] wurde später in Konzeptionen von Unterricht übernommen. G. G. Hiller entwickelte daraus den *mehrperspektivischen Unterricht*[6], W. G. Mayer den Projektunterricht in der Primarstufe[7]. In den 90-er Jahren folgte der *Trend zum interdisziplinären Lehren und Lernen*[8] und neuerdings hat sich daraus das *Unterrichten in Fächerverbünden*[9] entwickelt.

1.3.1 Visualisierung der Vernetzung

Wir wählen ein Netz, das deutlich machen soll, dass zwischen allen Faktoren oder Elementen des Handlungsfeldes Schule oder Unterricht eine starke Interdependenz herrscht. Darin verwoben und sozusagen umringt von Theorieaspekten ist das jeweilige Praxisproblem. Diese Denkweise gründet sich einerseits auf dem alten Interdependenzmodell der

Berliner Didaktik [10] und zum andern auf dem Vernetzungsdenken der Gehirnforscher wie M. Spitzer [11].

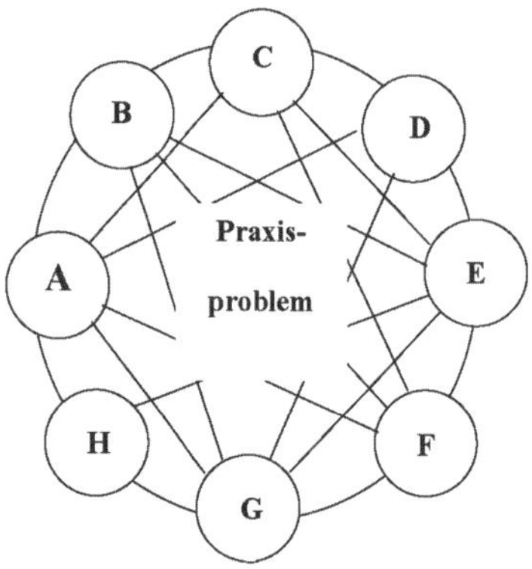

Abb. 1

Die Faktoren oder Theorien A bis H sind dabei vollkommen austauschbar. Ihre Synapsen [12] sollten Studenten allerdings bereits bei der Theorieaneignung ausformen, indem Theorie nicht isoliert sondern verknüpft mit Praxisbeispielen erlernt wird. Damit kann im Vorbereitungsdienst oder im Lehreralltag vom Praxisproblem aus ein Zugriff auf Theoriewissen erfolgen.

1.3.2 Defizite

Wenn sich nun ganze Heerscharen von Referendaren kritisch über die erste Phase der Lehrerbildung äußern [13], dann hat das meist damit zu tun, dass sie Theorien ohne Anbindung an Praxisprobleme erworben haben. Das zeigt sich z. B. so, dass im Referendariat zwingend das Problem der Klassenführung entsteht, die Prinzipien von Kounin [14] aber nicht abgerufen werden können. Erst im Zuge der Erarbeitung dieser Teiltheorie geben Referendare zu erkennen, davon doch schon einmal gehört zu haben. Wir diagnostizieren einen Mangel an Verankerung, Vernetzung und Nachhaltigkeit beim Theorieerwerb.

Besonders eindrücklich hören wir diese Kritik von Berufseinsteigern, womit Junglehrer im zweiten oder dritten Dienstjahr gemeint sind. Sie bemängeln in der Rückschau ganz stark den fehlenden Praxisbezug in der ersten Phase der Lehrerbildung. Fast alle äußern, erst in der Seminarausbildung auf den Lehrerberuf vorbereitet worden zu sein und das gilt für alle Schularten. Freilich scheint auch die Intensität des Praxisbezugs im Fach Pädagogik an Seminaren unterschiedlich stark ausgeprägt zu sein.

1.3.3 Strukturbeispiele

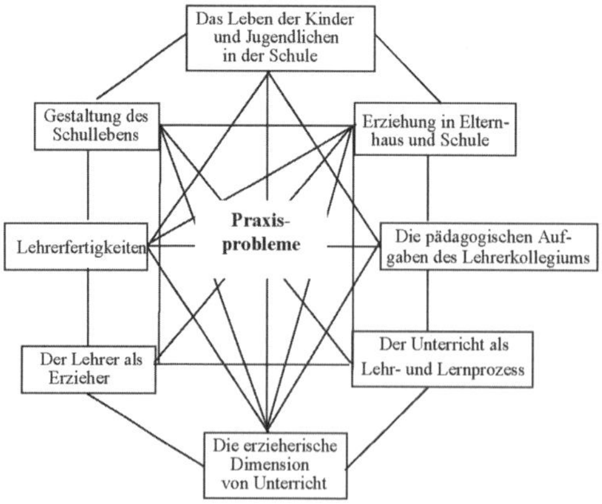

Abb. 2

Die folgenden Beispiele wollen aufzeigen wie Theorieaspekte Praxisprobleme umringen können, natürlich immer auf dem Hintergrund der Vernetzung.

Im nebenstehenden Beispiel werden die Praxisprobleme von acht denkbar möglichen Inhalts- oder Theoriebereichen umringt.

2004 wurden in der KMK diese Bereiche auf vier zentrale Felder reduziert und Standards für die Lehrerbildung in den Erziehungswissenschaften beschlossen.[15]

Die definierten Kompetenzbereiche sind *Unterrichten – Erziehen, beraten und begleiten – allgemeine Berufskompetenzen – Schule entwickeln und gestalten.*

Die Benennungen in den Bundesländern dürfen davon wiederum leicht abweichen.

Detaillierter könnte das Strukturbild mit Inhalten oder Faktoren des Bereichs *Erziehen, beraten und begleiten* mit all seinen Interdependenzen dann wie folgt aussehen: [16]

Familie
- Freizeitgestaltung
- Lebensführung
- Medienkonsum
- häusliche Verhältnisse
- Erziehungshaltung der Eltern
- Kenntnis von Lerntechniken
- Einstellung gegenüber Schule
- Betreuung z. B. Hausaufgaben
- Gestaltung des Arbeitsplatzes
- Schichtenzugehörigkeit
- Soziokulturelle Voraussetzungen
- Erwartungen der Eltern
- Stellung des Kindes in der Geschwisterkette

Lehrer-Schüler-Verhältnis
- Körpersprache
- Interaktionen
- Kommunikation
- Provokation im Unterricht
- Umgang mit Störungen
- Wahrnehmung und Beobachtung
- Umgang mit Autorität
- Partnerschaft
- Erziehungsstil
- Vorbildwirkung
- Lehrer- und Schülerrolle
- Angst und Stress
- Achtung und Zuwendung
- Selbstkritik

Gesellschaftliche Rahmenbedingungen der Schule
- Normen
- Werteverfall
- Reizüberflutung
- Verherrlichung von Gewalt
- Verleitung zu Passivität
- Konsum- und Wohlstandsdenken
- Bildungspolitik im Abseits
- Lehrerversorgung
- Lehrerarbeitszeit
- Ansehen der Lehrerschaft
- Konkurrenzdenken
- Anforderung an Schule

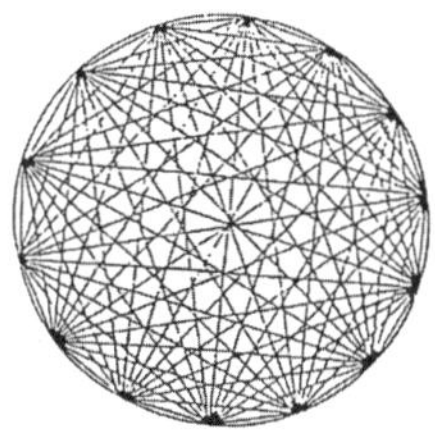

Schule als Institution
- Führungsstil
- Kooperation im Lehrerkollegium
- schulinterne Fortbildung
- pädagogischer Konsens
- Regeln, Ordnungen, Rituale
- Erziehungsmaßnahmen
- Pausenordnung
- Zusammenarbeit zwischen Schule und Eltern
- Gestaltung der Lernumwelt, Schulleben
- außerschulische Veranstaltungen
- Beratung in der Schule

Schüler und Klasse
- Sozialisation
- Gruppendynamik
- Klassengemeinschaft
- Rollen und Rollenträger
- Zusammensetzung der Klasse
- Geschlechterprobleme
- Außenseiter, Randgruppenkinder
- Problemschüler, z. B. Klassenkasper, Wiederholer, Übersiedler ...
- Kritikfähigkeit
- Solidarität
- Denkgewohnheiten
- Kooperationsfähigkeit
- Spontaneität
- Toleranz
- Lerngewohnheiten
- Interessenlage
- Wahrnehmungsstörungen

Lehr- und Lernprozess
- Erziehungs- und Bildungsauftrag
- Ziele, Inhalte und Medien
- Methoden
- Unterrichtsformen
- Motivation
- Schüler- und Lehrerorientierung
- Unterrichtsplanung
- Über und Unterforderung
- Leistungsmessung und Notengebung
- Übung und Hausaufgaben
- erzieherische Dimension
- Inhalts-, Beziehungs- und Vermittlungsaspekt
- Raumgestaltung
- Zeitrahmen
- sonstige didaktische Prinzipien

Anmerkung: Die Auflistung beansprucht keine Vollständigkeit

1.4 Die Problemanalyse

Für die Analyse von Praxisproblemen hat sich folgende Formalstruktur bewährt:

- Praxisprobleme müssen wahrgenommen, erfasst und möglichst deskriptiv dokumentiert werden.
- Wie zuvor gezeigt lassen sich Praxisprobleme zumeist auf eine Kernfrage reduzieren.
- In einer ersten Grobanalyse suchen wir hernach die relevanten Theorieaspekte, welche mit dem Problem verwoben sind.
- Die Feinanalyse führt zu einer weiteren Zergliederung und lässt bereits Ansätze für mögliche Lösungsstrategien erkennen.
- Sodann kommt es zu Erfolgsvermutungen und zur Konstruktion von Handlungsmöglichkeiten.
- Abwägen und Durchführen eines Lösungsweges mit abschließender Reflexion.

Diesen Analysevorgang stellen wir in Kurzform so dar

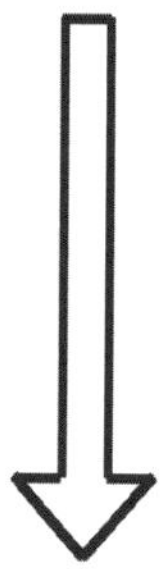

PROBLEMWAHRNEHMUNG
PROBLEMERFASSUNG
PROBLEMBESCHREIBUNG
REDUKTION DES PROBLEMS
GROBANALYSE
FEINANALYSE
KONSTRUKTION VON LÖSUNGEN
DURCHFÜHRUNG UND REFLEXION

und bezeichnen wir als PROBLEMANALYSE [17]. Sie stellt ein Ablaufschema eigenaktiver Handlungs- und Lernprozesse von Lehrenden in der Alltagswirklichkeit [18] und in Ausbildungssituationen dar.

Folglich wenden wir sie in der Seminararbeit, in Unterrichtsberatungen und Prüfungskolloquien an. Selbstverständlich gibt es auch Situationen, in denen der Unterrichtende im Hier und Jetzt der Entscheidungssituation des Alltags gewissermaßen im Zeitraffer diesen Prozess durchläuft. Nur wer hier fleißig trainiert hat, kann tatsächlich blitzschnell reflektierte Entscheidungen treffen. Ansonsten bleibt nur die Spontanhandlung mit der Hoffnung, dass das Bauchgefühl zutrifft.

1.4.1 Mind Map oder Concept Map

Problemanalysen werden am Seminar Pforzheim zumeist dokumentiert, indem die Praxisprobleme aufgeschrieben und die Analysen visualisiert werden. Im Laufe der Zeit haben sich die beiden Aufzeichnungsformen MM und CM als meistbenutzte Techniken heraus kristallisiert.

Hierzu jeweils ein Beispiel:

Praxisproblem: Elternabend, 3.Klasse. Eine Mutter beklagt sich: „Ist es denn notwendig, dass die Kinder so viele Hausaufgaben bekommen. Die haben in Mathe etwas auf und bei

Ihnen in Deutsch bekommen sie immer noch etwas dazu. Die Kinder brauchen doch auch Zeit zum Spielen!“

Ein Vater meldet sich zu Wort: „Das ist schon recht so, die sollen beizeiten merken, dass man was tun muss, wenn man was erreichen will! Ich bin überhaupt dafür, dass Sie sich mal mit der Klassenlehrerin der Parallelklasse zusammentun, die schreiben regelmäßig in der einen Woche einen Deutsch- und in der andern Woche einen Mathe-Test; da sieht man, was die Kinder können! Die Lehrerin schreibt den Schnitt darunter und man sieht wo die Burschen stehen ...“

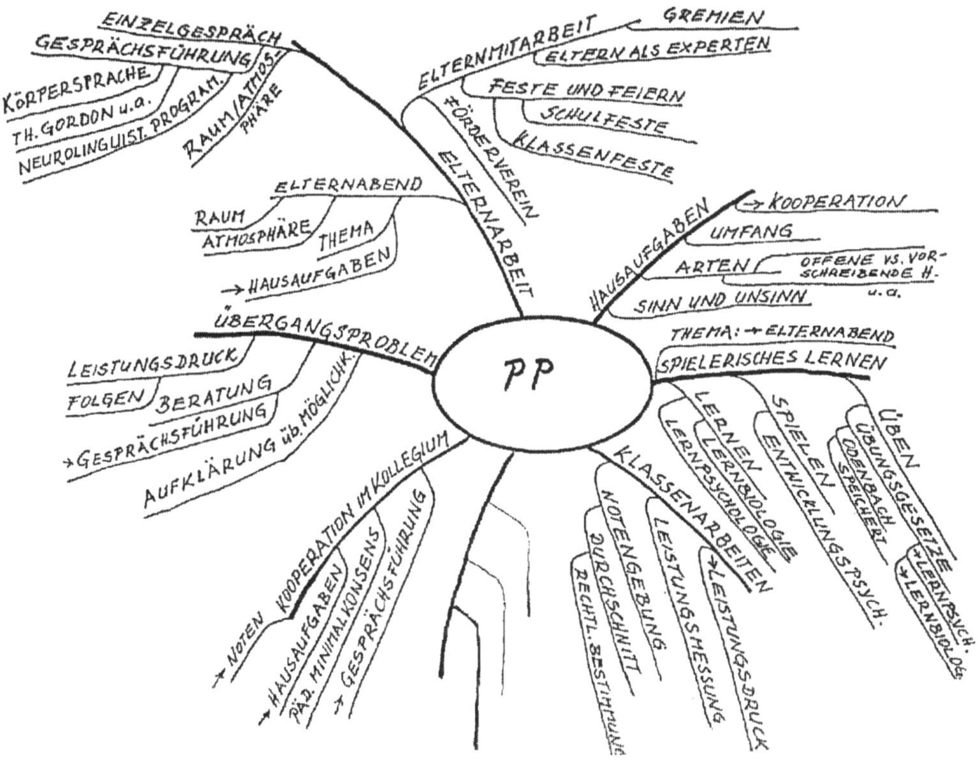

Abb. 4 Mind Map von Wolfgang Klier[19]

Die Grobanalyse besteht aus den Theorieaspekten der Hauptzweige, also Elternarbeit, Hausaufgabenpraxis, Spielerisches Lernen, Klassenarbeiten/Tests, Kooperation und Übergangsproblematik. Die Zweigeszweige stellen die Inhalte der Feinanalyse dar und der unbeschriftete Zweig soll auf den grundsätzlich unvollständigen und offenen Charakter der Problemanalyse hinweisen.

Praxisproblem[20]: Eine Fachleiterin hat sich auf ihre Pädagogik-Lehrveranstaltung gründlich vorbereitet. Sie plant, das verabredete Thema bzw. Praxisproblem („Gruppenarbeit“) handlungsorientiert zu erarbeiten. Das bedeutet nach Ansicht der Veranstalterin das Tätigwerden der Referendare. In einer Gruppenarbeit will die Fachleiterin Plakate erstellen lassen. Nach geraumer Zeit registriert sie Unwillen und fehlende Arbeitsbereitschaft in den Gruppen. Die Teilnehmer fordern von der Fachleiterin, sie möge die Inhalte doch bitte referieren.

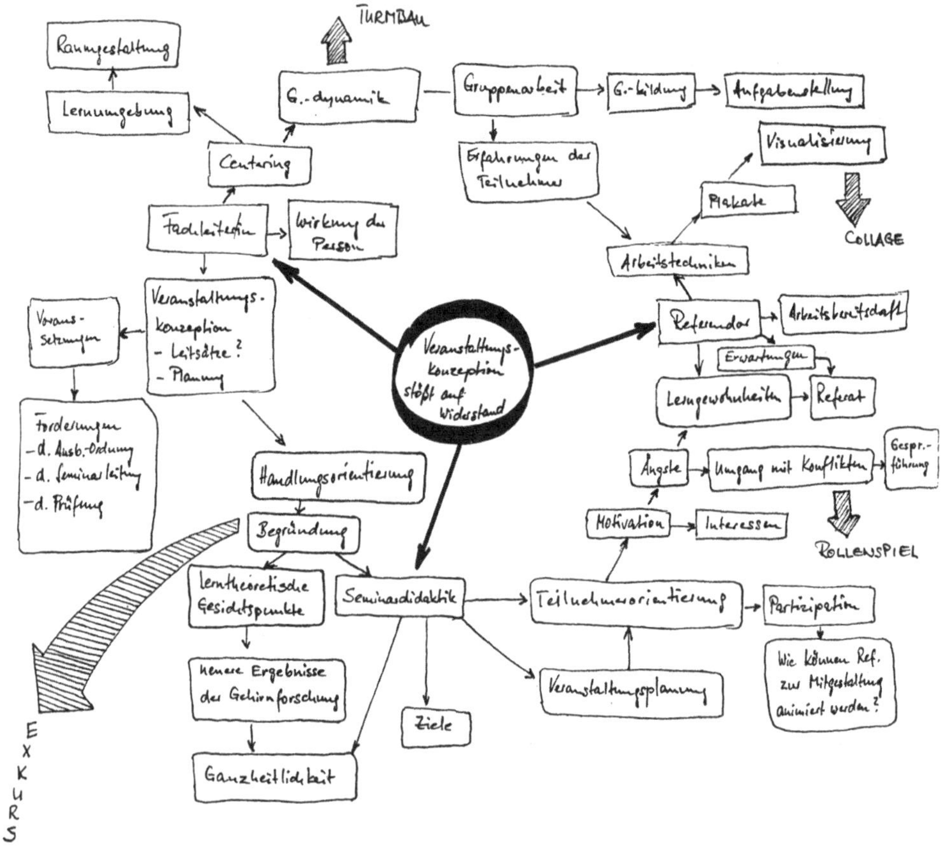

Abb. 5 Concept Map von Eberhard Schwenk[21]

Die Dokumentation dieser Problemanalyse hat einen deutlich assoziativeren Charakter, weshalb die Elemente der Grobanalyse schwerer erkennbar sind. Die Hauptzweige sind dort zu suchen, wo Knotenpunkte erkennbar sind. Die Pfeile geben Hinweise auf die Problemlösung bzw. Weiterarbeit.

Die Concept Map ist das Produkt einer Mischung aus Clustering und Mindmapping.[22]

Vor- und Nachteile der beiden Aufzeichnungstechniken halten sich in etwa die Waage. Bei MM entstehen überschaubare, geordnete Visualisierungen. Mit den Hauptzweigen ist die Grobanalyse sofort erkennbar. Durch den Oberbegriff-Unterbegriff-Modus entsteht allerdings ein gewisser Schematismus. Deshalb ist CM das kreativere Verfahren, allerdings zum Preis der geringeren Überschaubarkeit. Hier sollte aus diesem Grund unbedingt mit Farben gearbeitet werden, um die Lesbarkeit zu erleichtern. Unsere CM sind in der Regel großformatige Wandzeitungen.

Mit dem PC haben sich die Programme Mind Manager[23] und PinKing[24] für Concept Maps bewährt.

In diesem Buch verwenden wir wegen der eingeschränkten Darstellungsmöglichkeiten nur Mind Maps.

Dabei wollen wir **fünf Gestaltungsprinzipien** beachten:

- ☐ Die Beschriftung erfolgt wegen der besseren Einprägsamkeit in Druckschrift mit Großbuchstaben.
- ☐ Die Wörter sollen auf Linien geschrieben und jede Linie mit anderen Linien verbunden sein.
- ☐ Ein Mind Map kann auch mit graphischen Elementen angereichert werden.
- ☐ Je Linie soll die Beschriftung nur ein Wort oder höchstens eine kleine Worteinheit umfassen.
- ☐ Ein Mind Map soll gehirngerechtes Vorgehen spiegeln. Da das Gehirn primär in einer vernetztenWeise mit Schlüsselwörtern arbeitet, sollen die Aufzeichnungen nur solche Schlüsselwörter oder Schlüsselbegriffe enthalten.

Spätestens hier wird erkennbar, dass diese relativ neue Aufzeichnungstechnik zumindest altbekannte Vorläufer hat; denn die Arbeit mit Schlüsselwörtern (Signalwörtern), das Erstellen von Stichwortketten und Schlüsselwortskizzen gehört schon lange zum Deutschunterricht. Eine Textbearbeitung (z. B. Zusammenfassung) in den Sachfächern kommt gleichfalls ohne diese Arbeitstechnik kaum aus.

Neu an der Mind-Map-Methode ist, wenn man von den speziellen Gestaltungsmerkmalen einmal absieht, unserer Meinung nach vor allem die Ausweitung der alten Schlüsselworttechnik auf die kreativen Bereiche des Aufzeichnens von Inhalten, Faktoren, Ideen etc.

Erprobte Anwendungsbereiche sind:

- Aufzeichnung von Notizen
- Referatvorbereitung
- Prüfungsvorbereitung
- Veranstaltungsprotokoll
- Unterrichtsprotokoll
- Gliederung/Übersicht
- Stoffsammlung
- Ergebnissicherung

Dass jeder Referendar oder Lehrer dabei sein eigenes Mind Map zu einem Thema entwickelt, muss heutzutage eigentlich nicht extra betont werden. Wenn es hier trotzdem erwähnt wird, dann deshalb, weil Mind Maps irrtümlich und recht häufig als Gruppenergebnisse betrachtet werden. Mind Maps sind jedoch vorwiegend Einzelprodukte des denkenden schöpferischen Menschen.

Folgende **Vorteile der Mind-Map-Methode** gegenüber linearen Aufzeichnungsformen sind zu nennen:

- Die Grundstruktur oder Hauptidee wird deutlicher hervorgehoben.
- Die relative Bedeutung der Schlüsselwörter wird augenfälliger, da die weniger wichtigen in die Randzonen rücken.
- Die Vernetzung der Schlüsselbegriffe wird durch die Visualisierung leichter erkennbar.
- Die Wiederholung wird effektiver und der Erinnerungsprozess beschleunigt.

- In die Mind-Map-Struktur können neue Informationen leicht eingebunden werden.
- Die Flexibilität in den Anwendungsbereichen wie Prüfung und Referat wird erheblich verbessert.

Die Wirksamkeit dieser neuen Methode wurde in der beruflichen Ausbildung schon lange erkannt. Das Erstellen von Mind-Maps gehört z. B. bei IBM zu den ganz alltäglichen Aufgaben.

Ferner gilt, dass durch diese Methode wichtige Schlüsselqualifikationen gefördert werden. Für den Sekundarschulbereich jedenfalls lässt sich nach zahlreichen Unterrichtsversuchen feststellen, dass die Anwendung der Mind-Map-Methode das vernetzte Denken der Schülerinnen und Schüler in idealer Weise fördert.

Konsequenz für die Lehreraus- und fortbildung sollte sein, Wege zu finden, wie alle Betroffenen mit dieser Lern- und Arbeitstechnik vertraut gemacht werden können. Die Mind-Map-Methode (Mindmapping) muss zu einer unverzichtbaren Arbeitsweise werden, weil dadurch gerade schwächeren Schülerinnen und Schülern ganz entscheidend geholfen werden kann.

Wir wollen wegen der Wirksamkeit dieser Methodik alle Leserinnen und Leser unseres Trainingsprogramms mit vielen Arten des Visualisierens vertraut machen. Gleichzeitig sollten Sie die Wirksamkeit der Methoden im Verlaufe Ihrer Lektüre und Analysen bei sich selbst immer wieder kritisch hinterfragen.

1.4.2 Lösungshilfen

Es hat sich als durchaus nützlich erwiesen, vor der Analyse eines Praxisproblems oder auch parallel dazu eine Skizze, ein Bild zu malen. Das löst Denkblockaden, fördert die gedankliche Durchdringung des Problems und es setzt Kreativität frei. Bei einem Praxisproblem, bei dem es um Drückebergerei oder Arbeitsverweigerung geht, könnte dieses Bild entstehen.

Abb. 6

In einer Lerngruppe oder Seminargruppe kann zu den allermeisten Praxisproblemen ein Standbild entwickelt werden. Standbilder[25] sind im Grunde eine dreidimensionale Form der Visualisierung, bei der ein oder zwei Personen mit den Gruppenmitgliedern das Praxisproblem stellen. Dieses Verfahren ist z. B. bestens geeignet Beziehungen zwischen den Akteuren des Praxisproblems zu klären.

Große Praxisprobleme – mit vielen beteiligten Personen – spielen wir gelegentlich im Rollenspiel. Ereignisse bei Gesamtlehrerkonferenzen, Elternabenden, Schulhofszenen oder dergleichen lassen sich auf diese Weise rekonstruieren und besser verstehen. Das Rollenspiel kann eine entscheidende Lösungshilfe sein.

Lösungshilfen können auch die nachfolgenden Analysebeispiele sein:

➢ Illustrieren Sie die Mind-Maps und geben Sie dadurch diesem Buch Ihre ganz persönliche Note!

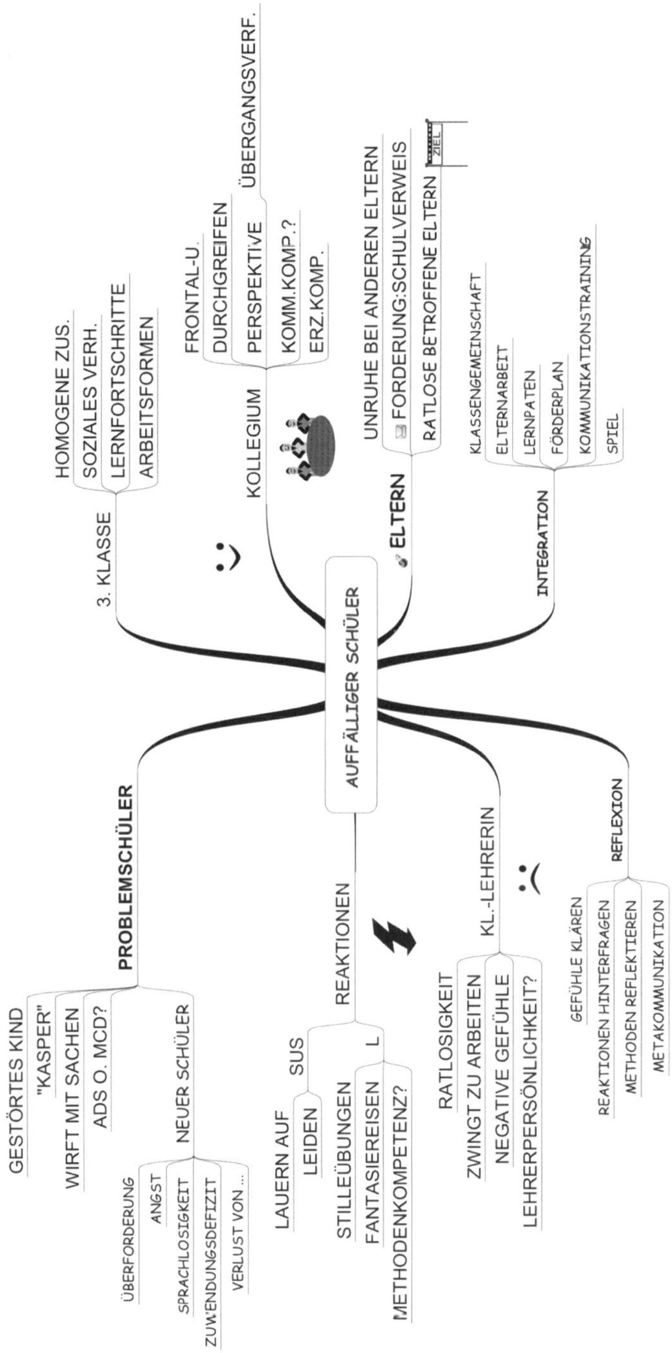
AUFFÄLLIGER SCHÜLER
3. KLASSE
HOMOGENE ZUS.
SOZIALES VERH.
LERNFORTSCHRITTE
ARBEITSFORMEN
KOLLEGIUM
FRONTAL-U.
DURCHGREIFEN
PERSPEKTIVE
ÜBERGANGSVERF.
KOMM.KOMP.?
ERZ.KOMP.
ELTERN
UNRUHE BEI ANDEREN ELTERN
FORDERUNG:SCHULVERWEIS
RATLOSE BETROFFENE ELTERN
ZIEL
INTEGRATION
KLASSENGEMEINSCHAFT
ELTERNARBEIT
LERNPATEN
FÖRDERPLAN
KOMMUNIKATIONSTRAINING
SPIEL
REFLEXION
GEFÜHLE KLÄREN
REAKTIONEN HINTERFRAGEN
METHODEN REFLEKTIEREN
METAKOMMUNIKATION
KL.-LEHRERIN
RATLOSIGKEIT
ZWINGT ZU ARBEITEN
NEGATIVE GEFÜHLE
LEHRERPERSÖNLICHKEIT?
REAKTIONEN
SUS
LAUERN AUF
LEIDEN
L
STILLEÜBUNGEN
FANTASIEREISEN
METHODENKOMPETENZ?
PROBLEMSCHÜLER
GESTÖRTES KIND
"KASPER"
WIRFT MIT SACHEN
ADS O. MCD?
NEUER SCHÜLER
ÜBERFORDERUNG
ANGST
SPRACHLOSIGKEIT
ZUWENDUNGSDEFIZIT
VERLUST VON ...

Abb. 7

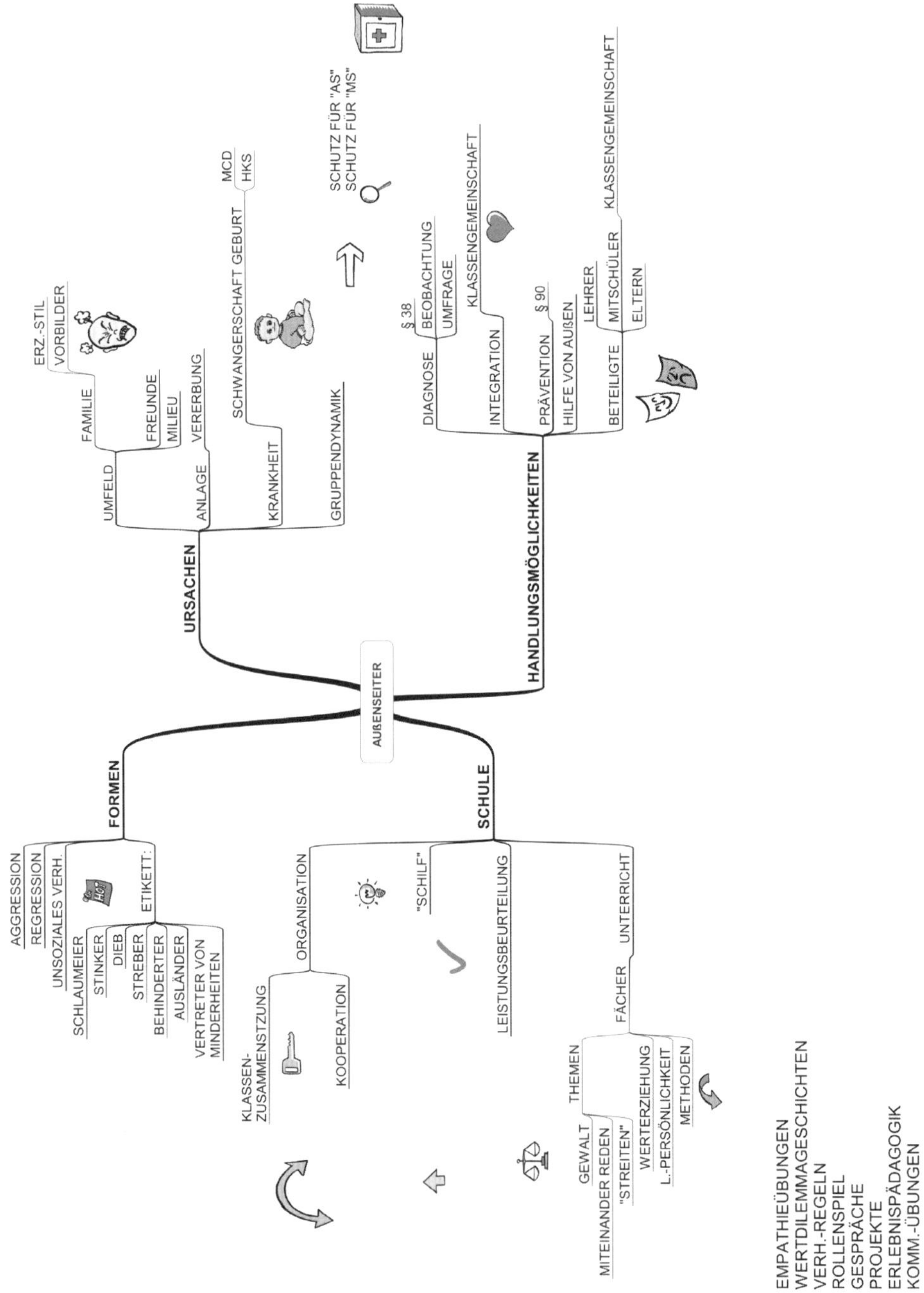
AUßENSEITER
URSACHEN
UMFELD
FAMILIE
ERZ.-STIL
VORBILDER
FREUNDE
MILIEU
ANLAGE
VERERBUNG
KRANKHEIT
SCHWANGERSCHAFT GEBURT
MCD
HKS
GRUPPENDYNAMIK
SCHUTZ FÜR "AS"
SCHUTZ FÜR "MS"
HANDLUNGSMÖGLICHKEITEN
DIAGNOSE
§ 38
BEOBACHTUNG
UMFRAGE
KLASSENGEMEINSCHAFT
INTEGRATION
KLASSENGEMEINSCHAFT
PRÄVENTION
§ 90
HILFE VON AUßEN
BETEILIGTE
LEHRER
MITSCHÜLER
KLASSENGEMEINSCHAFT
ELTERN
FORMEN
AGGRESSION
REGRESSION
UNSOZIALES VERH.
ETIKETT:
SCHLAUMEIER
STINKER
DIEB
STREBER
BEHINDERTER
AUSLÄNDER
VERTRETER VON MINDERHEITEN
SCHULE
ORGANISATION
KLASSEN-ZUSAMMENSTZUNG
KOOPERATION
"SCHILF"
LEISTUNGSBEURTEILUNG
UNTERRICHT
FÄCHER
THEMEN
GEWALT
MITEINANDER REDEN
"STREITEN"
WERTERZIEHUNG
L.-PERSÖNLICHKEIT
METHODEN
EMPATHIEÜBUNGEN
WERTDILEMMAGESCHICHTEN
VERH.-REGELN
ROLLENSPIEL
GESPRÄCHE
PROJEKTE
ERLEBNISPÄDAGOGIK
KOMM.-ÜBUNGEN

Abb. 8

1.5 Erfahrungen

In der Anwendung der Problemanalyse haben Ausbilder am Seminar Pforzheim über zwanzig Jahre Erfahrung[26]. Die damit verbundenen Praxisprobleme kommen in der Unterrichtsberatung, in der Seminararbeit und bei den mündlichen Prüfungen zum Einsatz.

1.5.1 Unterrichtsberatung

Mit Praxisproblemen, vor allem wenn sie vom Referendar oder Student selbst formuliert werden, gelingt es das Element der Teilnehmerorientierung im Beratungsgespräch zu realisieren. Die Betroffenheit, Aufnahmefähigkeit und Kritikannahme der Unterrichtenden ist so deutlich größer, als wenn die Kritikpunkte oder Themen des Beraters im Mittelpunkt stehen.

Es liegt freilich in der Natur der Sache, dass Referendare nach ihrem Unterricht in der Reflexion den Fokus eher auf fachdidaktische Praxisprobleme richten, solche mit pädagogischem Schwerpunkt geraten meist erst im zweiten Anlauf in den Blick. Das erklärt sich mit der umfangreichen Unterrichtsplanung, die didaktisch-methodische Schritte detailliert aufzeigt, aber konkrete pädagogische Handlungsstrategien nur beiläufig streift.

Von daher versteht sich der zeitlich eingeschränkte Rahmen von etwa 15 Minuten für die pädagogische Problemanalyse bei der Unterrichtsberatung, Ausnahmen sind eher selten und die ständige Verzahnung mit fachdidaktischen Gesichtspunkten sind selbstverständlich.

Allerdings gibt es durchaus Auszubildende, deren Wahrnehmungs- und Reflexionsfähigkeit nicht ausreichen um eigenständig solche Situationen erkennen zu können, die man zu Praxisproblemen erheben kann. Diese jungen Leute benötigen Beobachtungsinstrumente und Reflexionshilfen. Video- und Tonaufzeichnungen sind ebenfalls wertvolle Hilfen. In manchen Bundesländern müssen zudem angehende Lehrer in Studium und Vorbereitungsdienst Portfolios führen, um die Reflexion und das Nachdenken über ihre Praxisprobleme zu fördern.

Es liegt die – noch nicht evaluierte – Vermutung nahe, dass sich durch die Analyse von pädagogischen Praxisproblemen im unmittelbaren Anschluss an das Ereignis im Unterricht die Analysefähigkeit und das vernetzte Denken der Referendare entscheidend verbessert.

1.5.2 Seminararbeit

Wenn die originale Begegnung fehlt, sind Fotos, Videos, Objekte und Beobachtungsprotokolle in der Seminararbeit wichtiges Ausgangsmaterial für das Erkennen und Formulieren von Praxisproblemen. Mit Voranschreiten des Ausbildungsprozesses und der Reflexionsfähigkeit – im Vorbereitungsdienst dauert das meist drei bis vier Monate – können wir auf die indirekten Informationsträger fast verzichten. Wir wissen inzwischen auch, dass bestimmte Praxisproblem-Felder zeitlich vorhersehbar sind.

Bei Kursbeginn im Februar eines Jahres ergeben sich im Prinzip aus den praktischen Notwendigkeiten übers Jahr hinweg die Themenfelder:

Lehrerautorität – März/Apr., wenn der Wandel vom Student zum Lehrer beginnt
Klassenführung – Apr./Mai, wenn die ersten Unterrichtsversuche laufen
Hausaufgaben – Mai/Juni, wenn nicht gemachte Hausaufgaben täglich vorkommen
Notengebung – Juni/Juli, wenn die ersten Bewertungen anstehen
Schuljahresanfang – Juli, wenn mit den Ferien die Vorbereitungen bevorstehen
Klassenübernahme – Aug./Sept., wenn der eigene Unterricht beginnt
Disziplin – Okt./Nov., wenn sehr oft nicht alles nach Wunsch läuft
Elternarbeit – Sept., wenn die Elternabende bevorstehen usw.

Kommunikation, Lehr- und Lerprozess, Mobbing und Gewalt, Motivation, Umgang mit Problemschülern, Unterrichtsformen sowie Schulentwicklung sind Themenfelder von Praxisproblemen, die sich zeitlich schwer zuordnen lassen und schon sehr früh anstehen können aber andererseits auch den ganzen Vorbereitungsdienst begleiten.

Dem Leser wird sich die Vermutung aufdrängen, man könne für den Vorbereitungsdienst ein Pädagogik-Curriculum erstellen. Das geht freilich nur in offener Form, denn es sollen ja mit den Praxisproblemen die Betroffenen zu Beteiligten werden. Damit kann eine Curriculumkonstruktion nur in Vereinbarung mit Problemorientierung und Teilnehmerorientierung einher gehen.

Die Arbeit mit Praxisproblemen haben W. Klier und E. Schwenk seit 1985 in den Bundesländern Niedersachsen, Berlin, Hamburg, Nordrhein-Westfalen, Rheinland-Pfalz, Hessen, Thüringen und Sachsen mit nachhaltigem Erfolg im Rahmen von Fortbildungstagungen und Fachkongressen vorgestellt.

1.5.3 Mündliche Prüfung

Besonderes Interesse galt dabei dem Einsatz von Praxisproblemen in mündlichen Prüfungsteilen der zweiten Dienstprüfung. Auch in der Prüfungssituation mit PP's zu arbeiten ist eine logische seminardidaktische Konsequenz und gleichzeitig eine exzellente Möglichkeit, dem Referendar und dessen Praxis gerecht zu werden.

Viele Seminarausbilder aller Schularten sehen in der Prüfung mit Praxisproblemen die Chance vom leidigen Frage-Antwort-Prozedere weg zu kommen.

Freilich bedarf es bei dieser Prüfungsmethodik wie beim traditionellen Prüfungsablauf einer gewissenhaften Vorbereitung damit dies gelingen kann. Wobei einem Prüfertraining noch größere Bedeutung zukommt, denn der Prüfer kann sich bei einer Prüfung mit Praxisproblemen kaum auf vorbereitete Fragen verlassen, weil der Prüfling den Analysegang wesentlich mitbestimmen kann.

Schwierig wird es für den Prüfer dann, wenn er für den Tiefgang und die Theorie-Praxis-Verschränkung sorgen muss, weil der Prüfling nur an der Oberfläche bleibt. Dann gleitet die Prüfung mit einem Praxisproblem gelegentlich eben auch ins Frage-Antwort-Schema ab.

Es hat sich folgendes Vorgehen[27] bewährt:

> Der Prüfer formuliert bei seiner Vorbereitung auf die Prüfung und aufgrund seiner Informationen oder Kenntnisse des Kandidaten ein Praxisproblem, das innerhalb des Erfahrungsfeldes des Referendars als gegeben angenommen werden kann; oder er

wählt aus diesem Bereich einen Gegenstand (Zeichnung, Heft, Foto, Werkstück, Arbeitsblatt etc.) aus, den er zum Praxisproblem erklärt.

In der Prüfung selbst legt der Prüfer dem Kandidaten das Praxisproblem vor, indem er den Text langsam vorliest (der Kandidat liest still mit) oder er präsentiert das „Problemobjekt" mehr oder weniger kommentarlos.

Der Kandidat muss nun Zeit haben – ca. ein bis zwei Minuten –, um seine Gedanken zu diesem Praxisproblem zu ordnen, um es in der Vorstellung in seinen Erfahrungskontext zu holen. Er kann sich dabei stichwortartige Notizen machen.

Zu Beginn des Prüfungsgesprächs wird der Kandidat versuchen in seiner Grobanalyse die Komplexität des Praxisproblems zu entfalten, indem er die Hintergründe, Theoriebezüge und Zusammenhänge nennt und begründet, die er zu erkennen glaubt. Dies geschieht zunächst eigenständig und möglichst ohne unterbrechende Zwischenfragen der Prüfer. Erst, wenn der Kandidat zu erkennen gibt, dass mit den gemachten Ausführungen seine analysierenden Gedanken zu einem ersten Abschluss gekommen sind, wird der Prüfer auf Aspekte oder Zusammenhänge aus seiner eigenen Grobanalyse verweisen, die der Kandidat nicht genannt hat; entweder, weil er diese nicht gesehen oder für nicht relevant gehalten hat. Er muss dann dazu Stellung beziehen und seine Position begründen.

Wenn eine Ergänzung der Grobanalyse nicht erforderlich erscheint, wird der Kandidat selbstständig in die Feinanalyse, d.h. in die Erörterung der aus seiner Sicht relevanten Theoriebezüge einsteigen und die darin enthaltenen zentralen Aspekte darstellen. Auch dabei werden Prüfer Fragen nachschieben, falls wichtige Inhalte nicht oder zu oberflächlich behandelt wurden.

Vor diesem Hintergrund soll der Kandidat nun versuchen, auf das Praxisproblem bezogene Handlungsentwürfe zu entwickeln. Das können Handlungsalternativen oder mögliche Handlungsfolgen (Handlungsstrategien) sein, die kurz- und/oder längerfristige Aspekte haben. Dabei sollen die zu erwartenden Folgen möglichst realistisch eingeschätzt werden.

2. Auf die Plätze, fertig, los!

„Guter Anfang ist halbe Arbeit.“ (Sprichwort)

2.1 Trainingsplan

Die Sammlung der Praxisprobleme umfasst über 150 Alltagssituationen, sortiert in 16 Themenfelder. Bitte machen Sie sich dazu einen individuellen Trainingsplan.

Wir empfehlen Ihnen:

♥ Nehmen Sie sich für einen Tag nicht zu viel PP's vor.
♥ Beginnen Sie mit den Themenfeldern vor der Trainingspause, also S. 18 bis 50.
♥ Wählen Sie sich das Themenfeld, das Sie am meisten interessiert.
♥ Beschränken Sie sich zunächst auf die Grobanalyse.
♥ Machen Sie sich einen Arbeitsplan mit konkreten Arbeitsvorhaben.
♥ Erledigte Analysen haken Sie bitte ab!

Sie können dazu folgende Aufgaben abarbeiten:

- Sie orientieren sich zu Anfang mit der Mind Map im jeweiligen Themenfeld.
- Sie unterstreichen in den Texten (PP's) die Signalwörter oder -gruppen.
- Sie entdecken die Kernfrage(n) der Praxisprobleme.
- Sie versuchen die Praxisprobleme gegebenenfalls zu visualisieren.
- Sie notieren die sechs bis acht wichtigsten Aspekte der Grobanalyse.
- Sie nutzen die Möglichkeiten zum Ergebnisvergleich.
- Sie bauen die Grobanalysen zu Feinanalysen aus.

! Beachten Sie bitte, erst wenn Sie bei der Grobanalyse einige Übung haben, beginnen Sie mit der Erweiterung zur Feinanalyse. Nach abgeschlossener Feinanalyse können Sie in der Problemanalyse dazu über gehen auch Handlungsmöglichkeiten aufzulisten.

2.2 Intentionen

Der Nutzer dieses Buches soll vor allem:

- sein Gespür für problematische Alltagssituationen entwickeln,
- sein vernetztes Denken intensivieren,
- Grobanalysen erstellen,
- Feinanalysen erstellen,
- seine Reflexionsfähigkeit steigern und
- sein Handlungsrepertoire erweitern.

Daneben geht es auch um:

- Arbeit am Zeitmanagement,
- Förderung der Entscheidungsfähigkeit und
- Steigerung der Arbeitsorganisation.

2.3 Trainingsmaterial

Das Trainingsmaterial besteht zum einen aus Grobanalysen, die helfen sollen, in den Arbeitsablauf hineinzufinden. Die einzelnen Aspekte der Grobanalysen sind in Tabellen eingearbeitet und können als Kontrollinstrument dienen.

Andererseits sind zu Themenfeldern einzelne Grobanalysen durch Verästelungen verfeinert, so dass für das Themenfeld ein Gedankennetz vorliegt, das ähnliche Analysen etwas erleichtert. So beginnt das Training zum Themenfeld *Autorität und Lehrerpersönlichkeit* mit einem umfangreichen Gedankennetz, das eine konkrete Vorstellung vom guten Lehrer vermittelt.

Außerdem stellen wir für das Training ein Analyseraster und ein Handlungsraster zur Verfügung, welche bei Praxisproblemen aus mehreren Themenfeldern verwendet werden können. Und letztlich sind natürlich die getexteten Praxisprobleme die Grundbestandteile des Trainings.

2.4 Sammlung von Praxisproblemen

Unsere Praxisprobleme haben wir nach 16 Themenfeldern sortiert. Das macht deshalb Sinn, weil unsere Hauptadressaten Referendare im Vorbereitungsdienst sind und sich die Themenfelder, wie weiter vorne dargestellt, an den beruflichen Aufgabenstellungen orientieren. Andere Sortierungen wie z. B. nach ihrer Länge (kurz, mittellang, lang, sehr lang) oder nach Schulart und Klasse wären zwar möglich aber wenig sinnvoll. Insgesamt finden Sie hier 35 Praxisprobleme der Primarstufe, 73 Praxisprobleme der Sekundarstufe (I und II) sowie 45 Praxisprobleme ohne konkrete Klassen- oder Stufenangabe. Innerhalb der Themenfelder sind die PP's nicht sortiert, das soll die Leseaufmerksamkeit erhöhen.

2.4.1 zu Autorität und Lehrerpersönlichkeit

➢ Sie können sich zunächst mit der folgenden Mind Map im Themenfeld orientieren.

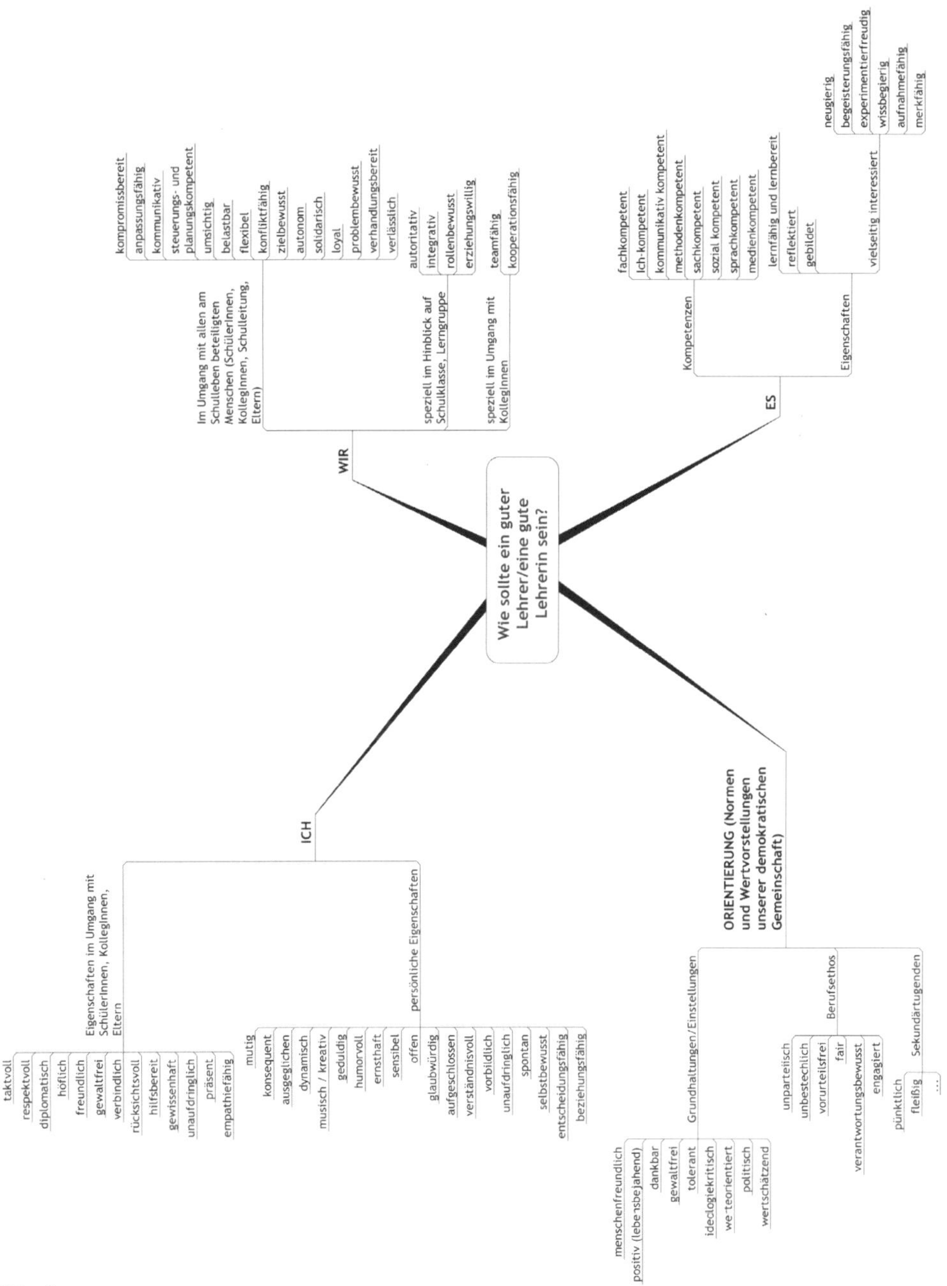

Abb. 9

- ➢ Unterstreichen Sie in den folgenden Texten die Signalwörter oder -gruppen.
- ➢ Formulieren Sie die Kernfrage(n) der Praxisprobleme.
- ➢ Versuchen Sie die Praxisprobleme gegebenenfalls zu visualisieren.
- ➢ Notieren Sie die sechs bis acht wichtigsten Aspekte der Grobanalyse.

PP 1

Der Fachlehrer einer siebten Klasse betritt das Klassenzimmer. Alle Schülerinnen und Schüler sitzen – völlig unerwartet – ruhig auf ihren Plätzen.

Als er neben dem Pult stehen bleibt und sich zur Klasse wendet, setzt ein Sprechchor ein: „Wie wir alle wissen –– Mathe ist beschissen!“

Der Lehrer hört kurze Zeit zu, dann zieht er sein Notenbuch und schreit: „Wer nicht sofort den Mund hält, bekommt eine sechs in Mündlich wegen Leistungsverweigerung!“

Raum für die Grobanalyse!

PP 2

Eine Lehrerin unterrichtet als Fachlehrerin in einer 3. Klasse. Die Klassenlehrerin ist eine Kollegin, die die Schüler mit straffer Hand führt. Die Kinder werden überwiegend frontal unterrichtet, haben fast alle eine tadellose Schrift und eine saubere Heftführung. Das Klassenzimmer ist schmucklos und beengt. Die FL möchte diese Situation für Ihren Unterricht verändern und führt ein Gespräch mit der Klassenlehrerin, die sie auf die anstehende Klassenkonferenz verweist. Doch sie macht Ihr wenig Hoffnung: „Bislang haben wir auch so ganz gut unterrichten können.“

PP 3

Ein junger Lehrer unterrichtet im 6. Schuljahr. Wieder einmal kommt er zur Belustigung mancher Kollegen mit Tüten voller Material für die Freiarbeit.

Auf dem Weg zum Klassenzimmer kommen ihm zwei Mädchen entgegen und berichten ganz aufgeregt, dass sich gerade wieder zwei Buben verprügeln. Der Lehrer betritt das Zimmer, stellt seine Sachen in die Ecke und schaut die „Streithähne“ an ...

➢ Nach PP 4 können Sie Ihre Grobanalysen 1–4 mit den Einträgen in der Matrix S. 23 vergleichen. Ihr Ergebnis muss nicht identisch sein! Sie sollten aber zu jedem PP mindestens vier Aspekte Ihrer Grobanalyse wiederfinden.

PP 4

In einer 6. Klasse leidet eine Fachlehrerin darunter, dass die Schüler zu Unterrichtsbeginn nur schwer zur Ruhe zu bringen sind.

Wegen der Penetranz dieser Störungen erteilt sie auch Strafen. Die Lehrerin hat allmählich unangenehme Gefühle der Klasse gegenüber.
Da erhält sie einen Brief mit dem Inhalt: „Warum können Sie uns nicht leiden?“
Unterschrieben haben die vier auffälligsten Schüler.

➢ Notieren Sie die Aspekte Ihrer Grobanalysen der nachfolgenden sechs PP's mit Kreuzchen in der Matrix auf S. 23

PP 5

Eine junge Lehrerin unterrichtet ihre erste Oberstufenklasse in Schuljahr 12 und 13. Sie ist hoch motiviert und möchte mit moderner Methodik glänzen. Nach einigen Wochen haben die Schüler keine Lust mehr auf Fishbowl und Rollenspiele und beginnen damit nicht mehr motiviert mitzuarbeiten.

PP 6

In Klasse 12 hält die Tutorin die erste Unterrichtsstunde im neuen Schuljahr und stellt zu Beginn fest: „Es gibt Dinge, die mache ich schon seit dreißig Jahren so und daran werdet ihr auch nichts mehr ändern, auch wenn ihr euch beschweren solltet.“

PP 7

Im Deutschunterricht in der 9. Klasse möchte der Lehrer besonders locker und witzig sein und verwendet ständig Wortspiele wie „Maria Stuttgart" an Stelle von Maria Stuart oder „zum Bleistift" für zum Beispiel. Am Anfang hat er Erfolg damit und sorgt für eine angenehme Atmosphäre, nach mehrmaliger Verwendung wirken die Schüler jedoch genervt.

PP 8

Ein Referendar kommt neu in eine 10. Klasse. Er ist sehr unsicher und wenig selbstbewusst. Die Schüler spüren seine Unsicherheit und testen ihre Grenzen aus. Um Konfliktsituationen zu entgehen konzentriert sich der Referendar nur auf wenige mitarbeitende Schüler.

PP 9

In Klasse 7 hat ein Kollege ein Alkoholproblem, bleibt jedoch im Dienst. Es fällt viel Unterricht aus und er kann seiner Vorbildfunktion schon lange nicht mehr gerecht werden. Die Entwicklung der SuS leidet darunter, die Eltern sind verärgert, die Kollegen wegen des Vertretungsunterrichts genervt und die ganze Schule leidet unter dieser Situation.

PP 10

Ein Lehrer in der 5.Klasse drückt sich gerne sarkastisch aus, z. B. „Noch zwei Fünfer dann hast du auch Klasse fünf zwei mal." Die jungen Schüler nehmen das was er sagt jedoch ernst und fühlen sich durch seine Art verletzt. Bald schon haben einige Kinder Angst seinen Unterricht zu besuchen.

Lösungsmatrix mit den wichtigsten Theorieaspekten zu den vorhergehenden Praxisproblemen

Theorieaspekte	Praxisproblem PP Nr.									
	1	2	3	4	5	6	7	8	9	10
Aggressivität u. U-Störung			X	X						
Auffällige SuS				X						
Berufseinsteiger u. L-Rolle			X							
Erziehungsstile		X								
FL-Problematik u.Lehrerrolle	X	X		X						
Klassenführung		X								
Kommunikation	X			X						
Kooperation im Kollegium		X	X							
Lehrer-SuS-Verhältnis	X			X						
Lernumgebung		X								
Motivation im Unterricht	X									
Pubertät u. Geschlechterrolle	X		X							
Umgang mit Konflikten	X		X	X						
Unterrichtsformen		X	X							

Abb. 10

➢ Vergleichen Sie am Ende Ihrer Problemanalysen zum Themenfeld Autorität und Lehrerpersönlichkeit Ihre Ergebnisse mit den exemplarischen Lösungen von PP's im Anhang zu Beschimpfungen und zu Unruhe.

bitte
Ruhe!

2.4.2 zur Disziplin

➢ Sie können sich zunächst mit dieser Mind Map im Themenfeld orientieren.

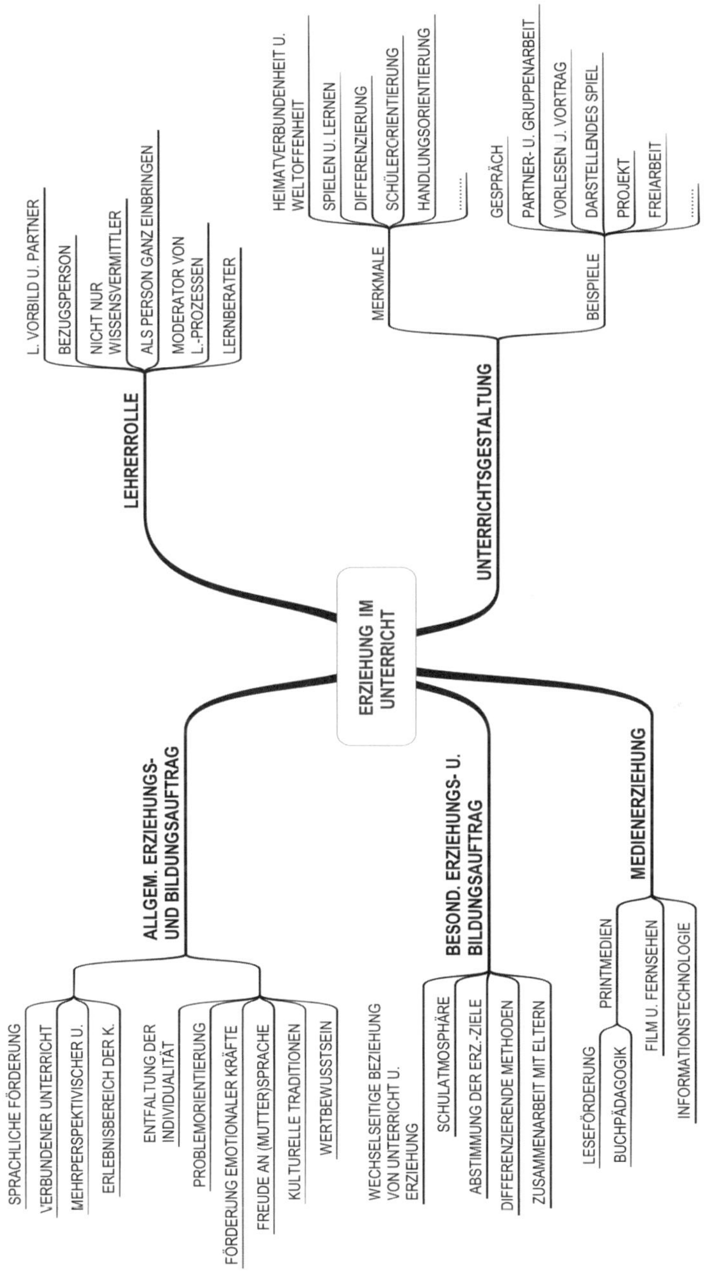

Abb. 11

- Unterstreichen Sie im Text die Signalwörter oder Signalwortgruppen.
- Formulieren Sie die Kernfrage(n) der Praxisprobleme.
- Versuchen Sie die Praxisprobleme gegebenenfalls zu visualisieren.
- Notieren Sie die sechs bis acht wichtigsten Aspekte der Grobanalyse.

PP 1

Eine Referendarin unterrichtet in Klasse drei an einem großen Schulzentrum auf dem flachen Land.

Sie beklagt, dass ihre Schülerinnen und Schüler mit üblen Schimpfwörtern agieren und sie häufig ins Obszöne abgleiten. Alle Mahnungen und auch Bestrafungen blieben bisher wirkungslos.

PP 2

Eine junge Fachlehrerin übernimmt Mathematik in einer 6. Klasse. Die Kollegin findet eine frontale Sitzordnung vor – und Schüler dazu, die regungslos in den Bänken sitzen, als sie hereinkommt. Doch nach wenigen Tagen ist diese Ordnung völlig zusammengebrochen. Die Schüler gehen in den Pausen über Tische und Bänke, prügeln und beschimpfen sich, benehmen sich der Lehrerin gegenüber aufsässig und fangen endlose Diskussionen an, wenn sie eine Strafe bekommen. Als der Klassenlehrer auf Bitten der Kollegin mit in den Unterricht kommt, sind die Schüler wie ausgewechselt ...

PP 3

Die Klassenlehrerin einer 2. Klasse beginnt den Unterricht jeden Montag mit einem Gesprächskreis. Dieses Ritual hat sie eingeführt, als sie die Klasse zu Schuljahresbeginn übernehmen musste, weil die Kollegin pensioniert wurde.

Doch nach wenigen Wochen muss sie feststellen, dass die Gesprächsrunden immer wieder scheitern, da die Kinder nicht zuhören, sich gegenseitig unterbrechen oder vom Thema abschweifen. Als sie eine Kollegin, die ebenfalls in der Klasse unterrichtet, um einen Rat fragt, antwortet diese: „Die Klasse ist einfach zu unruhig für einen Gesprächskreis. Lass es doch einfach sein."

- Nach PP 4 können Sie Ihre Grobanalysen 1–4 mit den Einträgen in der Matrix S. 30 vergleichen. Ihr Ergebnis muss nicht identisch sein! Sie sollten aber zu jedem PP mindestens vier Aspekte Ihrer Grobanalyse wiederfinden.

PP 4

Ein junger Kollege unterrichtet als Fachlehrer in einer 7. Klasse. Die Schüler haben an diesem Morgen schon fünf Unterrichtsstunden hinter sich und wie er später erfährt, eine Mathearbeit geschrieben.

Der Lehrer kommt ins Klassenzimmer, aber er wartet vergeblich darauf, dass es still wird. Er beginnt zu unterrichten, in der Hoffnung, die Schüler würden sich später von allein dem Thema des Unterrichts zuwenden. Aber er sieht sich in seiner Hoffnung getäuscht. Der Geräuschpegel bleibt. Er bittet um Ruhe, bittet um Rücksichtnahme. Für einen Augenblick ist es still. Aber nach wenigen Minuten haben die Schüler seine Ermahnungen vergessen und der Geräuschpegel ist wieder hoch.

➢ Zu diesem PP finden Sie auf den Seiten 148–150 drei Musterlösungen, die neben der Grobanalye auch Feinanalyse und Handlungsmöglichkeiten enthalten.

PP 5

Eine Lehrerin gibt Mathematik als Fachlehrerin in einer dritten Klasse. Am vergangenen Freitag hat sie einer ganzen Reihe von Schülern Strafarbeiten gegeben, weil sie die Hausaufgaben vergessen hatten.

Am Montag meldet sich Marco mitten im Unterricht mit der Feststellung: „Frau M., Sie haben die Strafarbeiten noch nicht kontrolliert.“ Die Lehrerin erwidert: „Sag mal, Marco, merkst du eigentlich nicht von selbst, dass das jetzt überhaupt nicht hierher passt!“ Für den Rest des Vormittags meldet Marco sich nicht mehr. Am Dienstag schreibt Frau M. eine Mathearbeit, am Mittwoch ist sie nicht in der Klasse, am Donnerstag gibt sie die Arbeit zurück und lässt sie korrigieren – am Freitag endlich lässt sie die Strafarbeiten einsammeln und stellt fest, dass die Hälfte der Betroffenen sie nicht dabei hat. Jetzt gibt es wie üblich die doppelte Menge ...

PP 6

Eine Lehrerin unterrichtet in ihrem ersten Dienstjahr an einer Brennpunktschule eine Klasse mit multikultureller Zusammensetzung.

Die junge Kollegin berichtet wenige Wochen nach dem Schuljahresanfang von einem ruppigen und rohen Umgangston der Schülerinnen und Schüler untereinander. Und in letzter Zeit kämen auch verstärkt obszöne Ausdrücke hinzu. Heute habe ein Junge zu einem Mädchen ein ganz übles Wort gesagt, das sei so schlimm, dass man als Lehrerin dabei rot werde und die Schülerin habe geheult und sei nur schwer zu beruhigen gewesen ...

PP 7

Eine junge Kollegin tritt ihre erste Stelle an einem Schulzentrum an. Sie bekommt eine dritte Klasse als Klassenlehrerin. Nach wenigen Wochen lädt der Rektor zu einer Gesamtlehrerkonferenz ein. Die Erziehungs- und Ordnungsmaßnahmen an der Schule sollen vereinheitlicht werden. Einigen Kollegen schwebt vor, dass für sämtliche „Schulvergehen" (Disziplinlosigkeit, Stören des Unterrichts, Vergessen der Hausaufgaben, Abschreiben, Fälschung von Unterschriften, Schwänzen, Nichtanfertigen von Strafarbeiten etc. etc.) ein Katalog von Erziehungsmaßnahmen erstellt wird, der für jeden Kollegen verbindlich sein soll. Nur durch die gemeinsame und konsequente Einhaltung der verabredeten Strafmaßnahmen könne – so die laut propagierte Meinung einiger – die Ordnung im Schulhaus wieder hergestellt werden. Der Maßnahmenkatalog soll durch die Schulkonferenz abgesegnet werden. Die Mehrzahl der Grundschulkollegen scheint dem Vorhaben eher skeptisch gegenüberzustehen.

PP 8

Eine Lehrerin übernimmt in einer 2. Klasse Fachunterricht. In der Klasse sind überdurchschnittlich viele Buben, die ihr von Anfang an viel abverlangen. Fast täglich finden in den Pausen Rangeleien statt, die nicht selten mit kleinen Verletzungen oder Sachbeschädigungen enden. Einige Mädchen möchten nicht neben Jungen sitzen. Insgesamt wird in der Klasse viel „gepetzt" und die Schüler lachen einander aus. Zwei andere Kolleginnen, die auch in der Klasse unterrichten, kritisieren, dass die Klasse viel zu laut sei und dass ständig der Unterricht durch unkontrolliertes Dazwischenreden gestört werde und die Arbeitshaltung sehr zu wünschen übrig lasse. Der Elternsprecher hat berichtet, dass inzwischen auch einige Eltern wegen der ständigen aggressiven Auseinandersetzungen ihrer Kinder in Streit geraten seien.

Tipp:

In der Familientherapie werden Familien „gestellt". Dabei werden mit Moderationsunterstützung des Therapeuten alle Beteiligten einer Familienkonstellation räumlich aufgestellt. Der Therapeut versucht über die Analyse der Distanzen und Positionen der Beteiligten im Gespräch das Problem zu analysieren und Lösungsstellungen zu entwickeln.

Wir wandeln für unsere Analysezwecke dieses Verfahren zu einer sehr hilfreichen Visualisierungsmethode für Praxisprobleme um.

➢ Visualisierungsaufgabe
  Wählen Sie sich ein Praxisproblem, bei dem mindestens zwei beteiligte Personen agieren.

- ➢ Stellen Sie sich die Situation räumlich und emotional vor.
- ➢ Versuchen Sie Ihre Vorstellung in einer Skizze zum Ausdruck zu bringen. Dabei sollten Sie vor allem die Emotionen der Beteiligten in Positionen und Distanzen auf Ihrer Skizze zum Ausdruck bringen.
- ➢ Gehen Sie dann mit dieser Analysehilfe in Ihrem Analysegang weiter.

Zu dieser Visualisierungsmethode finden Sie mehrere Beispiele auf den Seiten 64, 65 und 97.

Viel Spaß dabei!

PP 9

Ein Berufseinsteiger hat sich umfangreich auf seine Unterrichtsstunde vorbereitet und ist gerade dabei, vor der Tafel einen Demonstrationsversuch aufzubauen. Die Klasse kommt aus der kleinen Pause zurück und der Lehrer möchte mit dem Einstieg beginnen. Da kommt es im hinteren Teil des Klassenzimmers zur Rudelbildung, der Lärmpegel steigt.

PP 10

Die Referendare sind baff: Sie kommen gerade von einer Hospitation in einer achten Klasse zum Thema „Gewalt in den Medien“ . Die SuS befanden sich heute in einer Präsenzphase innerhalb des Blended Learnings zu dem Thema. Die Referendare sind total erstaunt über die Qualität der häuslichen Arbeit am Computer und über das Engagement und das soziale Miteinander in der Gruppenarbeit der Präsenz.

„So hätte ich das auch gerne“, meint ein Referendar.

Tipp!

Disziplin entwickelt sich nicht von selbst. Vielmehr sind Schülerinnen und Schüler auf positive Verhaltensmuster, Lebensmodelle und Vorbilder angewiesen, die sie als sinnvoll, überzeugend und verbindlich erleben. Nutzen Sie Ihre Chance und nehmen Sie Ihre Vorbildwirkung bewusst wahr.

Lösungsmatrix mit den wichtigsten Theorieaspekten zu den vorhergehenden Praxisproblemen

Theorieaspekte	Praxisproblem PP Nr.									
	1	2	3	4	5	6	7	8	9	10
Aggressivität u. U-Störung	X	X		X						
Arbeitsbündnis u. Sozialverhalten		X	X							
Auffällige SuS u. Störverhalten										
Bildungsplan u. Schultheorie	X		X							
Erziehungsstile		X								
FL-KL-Problematik u.Lehrerrolle		X	X	X						
Interventionstechniken u. Strafen	X	X	X	X						
Klassenführung, Regeln u. Rituale	X	X	X							
Kommunikation u. Gesprächserziehung	X		X							
Kooperation im Kollegium	X	X	X	X						
Lernen am Modell u. Gestaltung von Lernsituationen	X									
Raumgestaltung u. Lernumgebung		X								
Umgang mit Konflikten				X						
Veränderte Kindheit u. Pubertät	X			X						

Abb. 12

2.4.3 zu Elternarbeit und Elterngesprächen

➢ Sie können sich zunächst mit der folgenden Mind Map im Themenfeld orientieren.

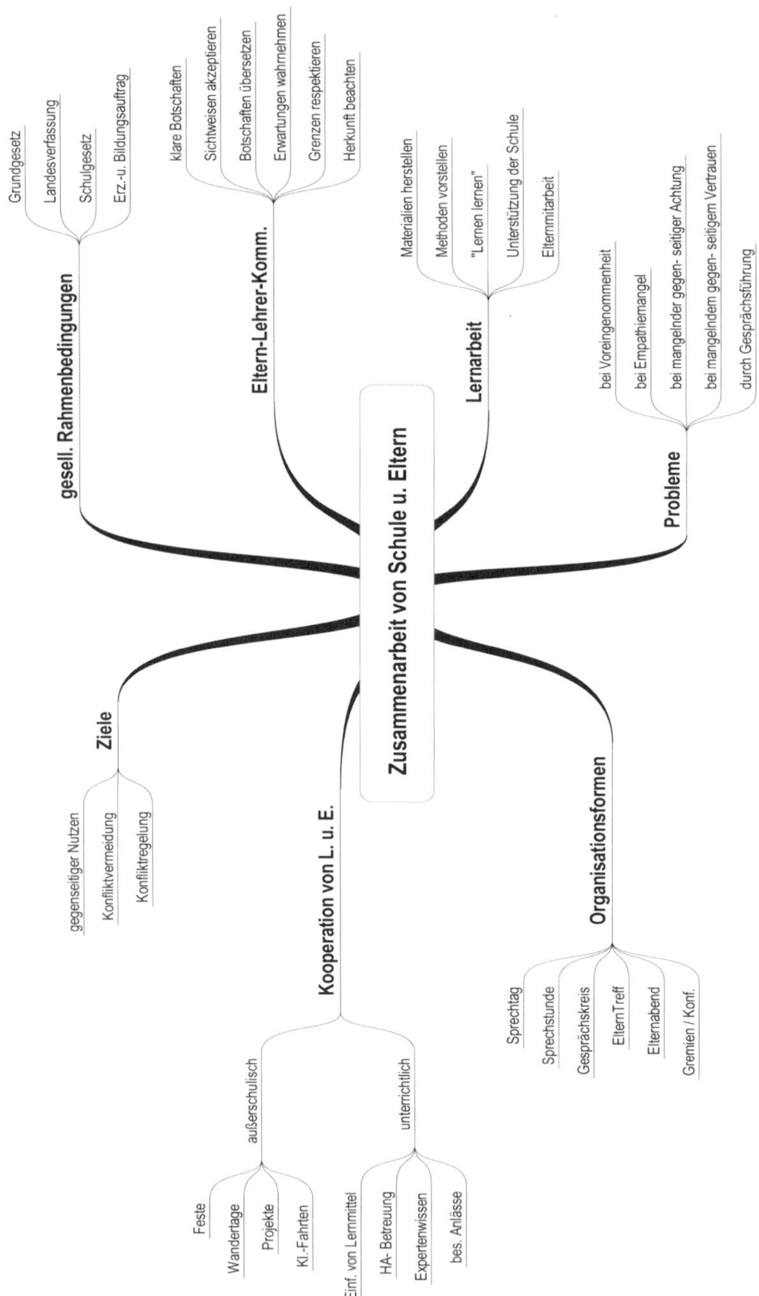

Abb. 13

- Unterstreichen Sie jeweils im Text die Signalwörter oder Signalwortgruppen.
- Formulieren Sie die Kernfrage(n) der Praxisprobleme.
- Versuchen Sie die Praxisprobleme gegebenenfalls zu visualisieren.
- Notieren Sie die sechs bis acht wichtigsten Aspekte der Grobanalyse.

PP 1

In einer 6. Klasse ist ein Schüler, der seine Mitschüler häufig tyrannisiert. Er ist stärker als die anderen und erwartet von seinen Klassenkameraden, entsprechend respektiert zu werden. Wer seinen Anweisungen nicht folgt, wird verprügelt oder gequält. Fast täglich hat die Lehrerin Schwierigkeiten mit dem Schüler. Eltern und Kollegen beschweren sich bereits. Die Schüler berichten immer wieder über aggressive Handlungen, die manchmal in Brutalität ausarten ...

Die Lehrerin bittet die Eltern zu einem Gespräch. Die Mutter hört sich die Klagen über ihren Sohn an und sagt: „Ach wissen Sie, ich weiß mir ja selber keinen Rat, was soll ich Ihnen denn sagen?"

PP 2

Herr Ludwig unterrichtet eine fünfte Klasse als Klassenlehrer. Vor der großen Pause steht der Vater eines Schülers vor der Klassenzimmertür und sucht das Gespräch. Der Vater beklagt sich über den miserablen Leistungsstand seines Sohnes. „Im Übrigen möchte ich Ihnen sagen, dass Sie viel zu wenig Hausaufgaben aufgeben und in der Schule zu wenig üben lassen. Immer nur diskutieren, was soll dabei herauskommen. Ich sage Ihnen, die Schüler müssen zur Arbeitshaltung erzogen werden und straff geführt werden." Er lasse seinen Sohn von nun an jeden Tag zwei Stunden zusätzlich lernen. Sein Sohn müsse nach der 5. Klasse aufs Gymnasium, daran führe kein Weg vorbei.

PP 3

Ein Vater beklagt sich auf dem Elternabend einer dritten Klasse mit 28 Schülern, dass die Lehrerin in ihrem Unterricht zu häufig Gruppenarbeit und zu viele Spiele durchführe. „Mit Unterrichtsspielen und solchen Sachen kann man doch nichts lernen – außer vielleicht soziale Verhaltensweisen. Aber im Leben ist Leistung gefragt." „Ich sage Ihnen, Sie sollten die Kinder viel mehr üben lassen und täglich Hausaufgaben geben, das ist wichtiger als Domino- und Zahlenspiele durchführen. Spielen können die Kinder am Nachmittag in ihrer Freizeit lange genug."

Einige andere Eltern scheinen der gleichen Meinung zu sein und warten gespannt auf die Begründung der Lehrerin.

➢ Nach PP 4 können Sie Ihre Grobanalysen 1–4 mit den Einträgen in der Matrix S. 37 vergleichen. Ihr Ergebnis muss nicht identisch sein! Sie sollten aber zu jedem PP mindestens vier Aspekte Ihrer Grobanalyse wiederfinden.

PP 4

Sie unterrichten Musik in einer 3. Klasse und eine Mutter meldet sich bei Ihnen zur Sprechstunde an.

Sie berichtet ihre Tochter habe Probleme mit dem neuen Sportlehrer. Das Mädchen habe regelrecht Angst vor ihm, weil er angeblich immer so laut schreie und so schwierige Sachen verlange. In den Nächten vor dem Sportunterricht schlafe das Mädchen schlecht, am Morgen sei es ihm übel. Ihre Tochter werde wegen ihres Körpergewichts oft gehänselt und der Sportlehrer unterstütze das noch. Am liebsten würde sie nicht mehr in die Schule gehen, auch hätten ihre Leistungen in den anderen Fächern deutlich nachgelassen sogar in ihrem Lieblingsfach.

Tipp:

Aus der Methodik der Werterziehung kennen wir die Empathieübung. Sie ist in etwa vergleichbar mit dem Perspektivenwechsel, meint aber mehr: Das umfassende Hineinversetzen in eine andere Person.

Anwendungs- und Übungssituationen im Unterricht sind das Psychodrama, das Rollenspiel oder auch das Standbildbauen.

Dieses Einfühlen in Schülerinnen und Schüler, Eltern, Lehrer oder Kollegen ist oft sehr wichtig um ein Praxisproblem verstehen zu können.

Deshalb übertragen wir diese Methode auf unseren Verwendungszusammenhang.

➤ Empathieübung in der Problemanalyse

➢ Erstellen Sie eine Liste mit allen vorhandenen und ableitbaren Adjektiven eines Praxisproblems Ihrer Wahl.

Beispiel:
Im Text steht das Wort „Träumer“
Wir notieren: verträumt – zögernd – langsam – träge – müde – antriebsschwach – unkonzentriert – zurückhaltend – lahm – versonnen – usw.

Je mehr solche Adjektive wir auflisten, um so konkreter wird unsere Vorstellung vom „Träumer“. Im Kontext des Praxisproblems nimmt er so Gestalt an.

➢ Wenn Sie dieses Verfahren üben, können Sie Ihre Empathiefähigkeit fördern und so Praxisprobleme leichter verstehen.

Viel Spaß dabei!

PP 5

Eine Lehrerin unterrichtet in der Grundschule und hat in ihrer Klasse mehrere Kinder „aus besseren Kreisen". Sie ist sehr enttäuscht, dass gerade deren Eltern eine andere Gangart verlangen: mehr Hausaufgaben, mehr Arbeiten, mehr Strafen usw.

Deshalb plant die Lehrerin einen Elternabend, bei dem sie die Eltern für handlungsorientierten Unterricht und allmähliche Öffnung gewinnen möchte.

PP 6

Nach den Halbjahresinformationen findet wie immer an der großen Schule der Elternsprechtag statt. Es hängen am Tag vorher in der Aula für jede Klasse und jeden Lehrer Listen aus, in denen sich Eltern im 15-Minuten-Takt eintragen können.

Am Sprechtag ist im Schulgebäude ein geschäftiges Treiben: Eltern eilen von Termin zu Termin, bei einigen Lehrern gibt es Verzögerungen, hie und da Staus und in der Aula zum Glück Kaffee und Kuchen ...

PP 7

Eine Mutter erfragt aus Sorge um ihren ADHS-diagnostizierten Sohn gleich zu Beginn des Schuljahres die Telefonnummer der Klassenlehrerin. In der Folge ruft sie Die Lehrerin wöchentlich mindestens ein Mal privat an. Das geht etwa zwei Monate so dann ist die Mutter verschwunden, getrennt von der Familie. Der Junge allein bei seinem berufstätigen Vater ... Die Probleme häufen sich und es ist tagsüber weit und breit kein Ansprechpartner da.

PP 8

Ein junger Lehrer unterrichtet eine achte Klasse einer Brennpunktschule im Herzen einer Industriestadt. Mit viel Mühe hat er gemeinsam mit dem Klassenelternbeirat den Elternabend vorbereitet. Mit rechtzeitiger Einladung, ansprechendem Programm und aufwendiger Raumgestaltung hofft er auf eine rege Teilnahme.

Zu dem abendlichen Termin kommen allerdings nur cirka 40 % der Eltern und die, für die eine Teilnahme besonders wichtig gewesen wäre, sind nicht gekommen ...

PP 9

Zoff im Elternhaus: Immer wieder bringt die Tochter Hausaufgaben mit nach Hause, die sie nicht ohne Hilfe lösen kann. Wenn sie ohne Erledigung in die Schule geht, wird sie abgestraft. Wenn sie nachfragt, weil sie was nicht verstanden hat, muss sie sich entweder selbst schlau machen oder sie erhält eine neuerliche Erklärung, die sie nicht versteht. Und zu allem Überdruss sitzt die Schülerin auch jedes Wochenende über den Aufgaben.

So geht es nicht weiter, die Mutter meldet sich zu einem Gespräch beim KL an.

PP 10

Im Unterricht einer sechsten Klasse legt die Lehrerin großen Wert auf die Erreichung der vorgegebenen Standards. Jedoch stellt sie nach geraumer Zeit fest, dass vermutlich zahlreiche SuS erhebliche Schwierigkeiten haben werden, die geforderten sozialen und personalen Kompetenzen am Schuljahresende zu erfüllen.

Sie diskutiert darüber mit einem erfahrenen Kollegen, der ihr empfiehlt dazu umgehend einen Elternabend vorzubereiten, um alle Möglichkeiten der Förderung auszuschöpfen.

Lösungsmatrix mit den wichtigsten Theorieaspekten zu den vorhergehenden Praxisproblemen

Theorieaspekte	Praxisproblem PP Nr.									
	1	2	3	4	5	6	7	8	9	10
Beratungsgespräch u. Kommunikation	X	X		X						
Bildungsplan u. Leistung		X	X	X						
Erz. in Elternhaus u. Schule	X	X								
KL u. Lehrerrolle		X		X						
Klassenführung		X								
Schulangst u. Mobbing	X			X						
Sozialtraining	X									
Spielerisches Lernen		X	X							
SuS und Klasse			X							
Übung u. Hausaufgaben		X	X							
Umgang mit Problemschülern	X									
Umgang mit Konflikten	X		X	X						
Unterrichtsformen			X							
Unterstützungssysteme	X									
Übergangsproblematik		X								
Verhaltensauffälligkeiten Aggression u. Gewalt	X			X						

Abb. 14

Hausaufgaben
sind
Scheiße

2.4.4 zur Hausaufgabenpraxis

➢ Sie können sich zunächst mit der folgenden Mind Map im Themenfeld orientieren.

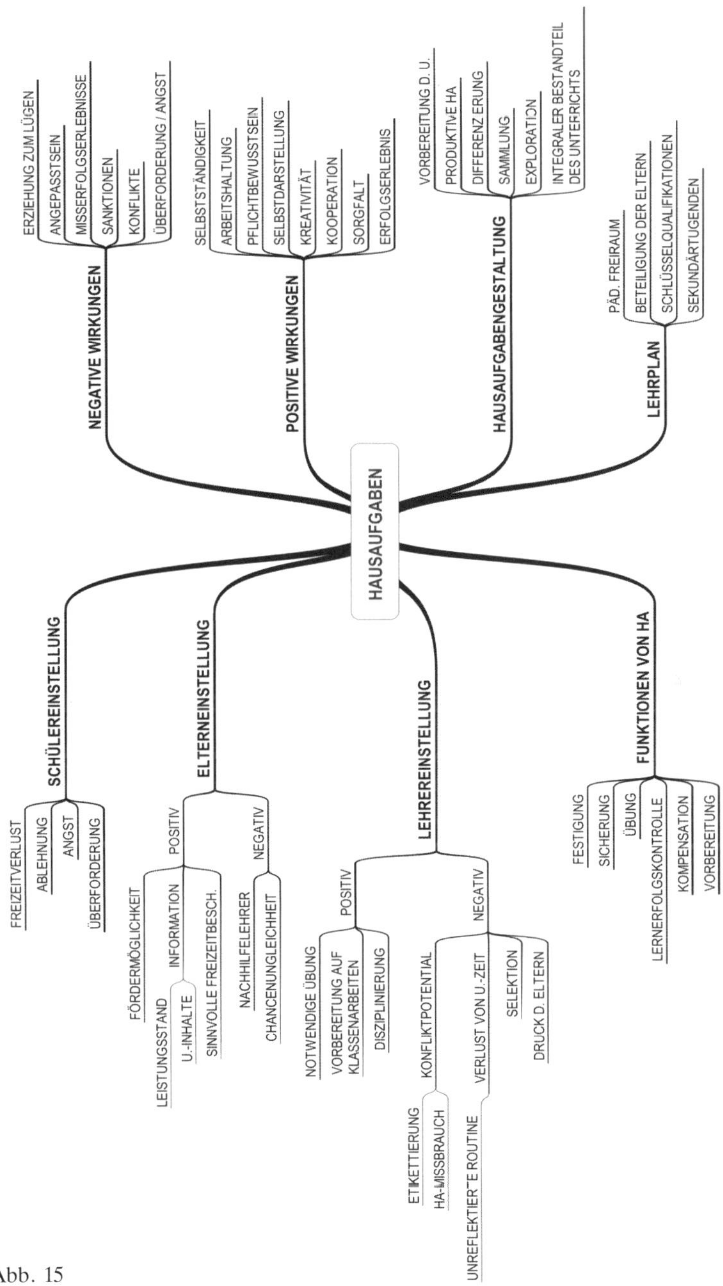

Abb. 15

- Unterstreichen Sie jeweils im Text die Signalwörter oder Signalwortgruppen.
- Formulieren Sie die Kernfrage(n) der Praxisprobleme.
- Versuchen Sie die Praxisprobleme gegebenenfalls zu visualisieren.
- Notieren Sie die sechs bis acht wichtigsten Aspekte der Grobanalyse.

PP 1

Versetzen Sie sich bitte einmal in folgende Situation:

Mit Beginn des neuen Schuljahres dürfen Sie Ihre erste Stelle an einer großen Förderschule antreten. Der Rektor bittet Sie, eine 6. Klasse als Klassenlehrerin zu übernehmen. Sie sollen in dieser Klasse Deutsch und dazu auch Mathematik (fachfremd) unterrichten. Kollegen deuten an, dass da einige recht renitente Schüler in dieser Klasse sind: „Von wegen Arbeitshaltung oder Hausaufgaben – Die sind halt unkonzentriert und faul und manche auch noch schlicht dumm."

Die Klassenlehrerin der Parallelklasse, die – wie Sie mitbekommen haben – auch Wochenplan – und Freiarbeit macht, bietet Ihnen ihre Hilfe an. Sie erfahren, dass Ihre Klasse zuvor unter häufigem Lehrerwechsel zu leiden hatte. Der Rektor meint: „Da gehört jetzt endlich mal eine junge Lehrkraft hinein, die den Laden in Schwung bringt."

PP 2

Ein Vater beklagt sich auf dem Elternabend einer 2. Klasse, dass die Lehrerin in ihrem Unterricht zu viele Spiele durchführe. „Mit Unterrichtsspielen kann man doch nichts lernen – außer vielleicht soziale Verhaltensweisen. Aber im Leben ist Leistung gefragt." „Ich sage Ihnen, Sie sollten die Kinder viel mehr üben lassen und täglich Hausaufgaben geben, das ist wichtiger als Domino- und Rollenspiele durchführen. Spielen können die Kinder am Nachmittag in ihrer Freizeit lange genug."

Einige andere Eltern scheinen der gleichen Meinung zu sein und warten gespannt auf die Begründung der Lehrerin.

PP 3

Stellen Sie sich bitte folgende Situation vor: Sie übernehmen mit Beginn des neuen Schuljahres die Klasse 6 mit 29 Kindern von Frau W., die versetzt worden ist. In Gesprächen mit den Kolleginnen erfahren Sie, dass es bei Ihrer Vorgängerin Frau W. üblich war, keine Hausaufgaben zu geben.

Nach 14 Tagen haben Sie sich einen ersten Überblick über die Klasse verschafft. Der Leistungsstand ist recht unterschiedlich. Besonders beim Lesen sind die Leistungsunterschiede sehr groß. In der Klasse sind seit Mitte des 5. Schuljahres drei Aussiedlerkinder (Lukas, Waldemar, Irene), die erhebliche Sprachprobleme haben. Es fällt Ihnen auch auf, dass die

SuS sehr gereizt und aggressiv miteinander umgehen. Besonders auffällig verhalten sich Lukas und Waldemar, die keine Gelegenheit auslassen, die anderen zu provozieren.

➢ Nach PP 4 können Sie Ihre Grobanalysen 1–4 mit den Einträgen in der Matrix S. 44 vergleichen. Ihr Ergebnis muss nicht identisch sein! Sie sollten aber zu jedem PP mindestens vier Aspekte Ihrer Grobanalyse wiederfinden.

PP 4

Eine Lehrerin unterrichtet Deutsch, Mathematik und Religion in einer lebhaften 2. Klasse. Die Schülerinnen und Schüler kommen aus gemischten häuslichen Verhältnissen und der Ausländeranteil ist eher gering. Auf dem ersten Elternabend beklagt sich eine Mutter über den Umfang der gestellten Hausaufgaben.

„Jeden Tag haben die Kinder in Deutsch und Mathe so viele Hausaufgaben, dass sie kaum noch Zeit zum Spielen haben." Bei einigen anderen Eltern stößt diese Meinung jedoch auf Widerstand. „Die Kinder müssen doch gefordert werden. Außerdem sollen die sich ruhig an Leistungen gewöhnen, denn im Gymnasium werden ganz andere Ansprüche an die Schüler gestellt."

Tipp:

Von Eduard Spranger aus dem Jahre 1965 stammt das

Gesetz der ungewollten Nebenwirkungen der Erziehung.

In einfachen Worten ausgedrückt heißt das: Immer dann, wenn absichtsvolle Erziehung stattfindet, finden parallel unbeabsichtigte Erziehungsprozesse statt. Diese Prozesse bleiben dem Lehrer zumeist verschlossen, sie sind ungewollt und können auch unerwünschtes Verhalten erzeugen.

Besonders brisant ist diese Form des Lernens im Bereich der Werterziehung, wo es ganz entscheidend auf die Vorbildwirkung der Lehrer ankommt.

Auf unsere Problemanalyse übertragen heißt das:

Wir fragen bei einem Praxisproblem

- Sind in der Situation bei SuS ungewollte Nebenwirkungen möglicherweise erkennbar?
- Wir hinterfragen das Lehrerverhalten auf ungewollte Erziehung
- Könnten für das beschriebene Schülerverhalten ungewollte Erziehungsprozesse verantwortlich sein?

➤ Heimlicher Lehrplan

Prüfen Sie bei einem Praxisproblem grundsätzlich immer, ob ungewollte Erziehungsprozesse eine Rolle spielen könnten.

Viel Spaß dabei!

PP 5

Es ist Sommer, die Tage sind heiß, die Nächte schwül. Die Leute sitzen bis abends spät auf den Terrassen, überall Musik und Lärm von Sportübertragungen beim public viewing. Trotzdem beginnt morgens um 7.45 Uhr der ganz normale Schulalltag.

Der Lehrer betritt das Klassenzimmer und die SuS skandieren im Chor:
„Wir wollen keine Hausaufgaben!"

PP 6

Eine Lehrerin kontrolliert in fast jeder Stunde während der Stillarbeit in ihrer 8. Klasse die Hausaufgaben. Unvollständige oder schlampig gemachte Hausaufgaben werden von ihr durchgestrichen und müssen noch einmal gemacht werden. Jan hat heute seine Hausaufgaben „vergessen". Er muss sie nacharbeiten und erhält außerdem einige Zusatzarbeiten. Die L. ist davon überzeugt, dass die Kontrolle der HA gerade in Klasse 8 sehr wichtig ist. „Die Berufsorientierung rückt näher und die Schüler müssen endlich Ordnung lernen", meint sie.

Die ersten kritischen Rückfragen von Eltern bezüglich der Hausaufgaben erreichen die Kollegin über den Elternvertreter ...

PP 7

Eine Referendarin unterrichtet in Klasse sieben und bemerkt, dass Jenny zum wiederholten Mal eine Hausaufgabe vorlegt, die ihre Möglichkeiten weit übersteigt. Sie behauptet aber, ohne rot zu werden, die Arbeit selbst gemacht zu haben.

PP 8

Justin und Maximilian besuchen die Klasse fünf eines Gymnasiums. Sie erhalten von ihrer jungen Deutschlehrerin über die Weihnachtsferien eine Literatur-Hausaufgabe. Maxi ist ein eifriger Leser und erledigt das ganz alleine, während Justin nur mit Mühe den Text bewältigt und für die Erledigung seiner Aufgabe – was er auch noch eher widerwillig tut und vor sich her schiebt – Hilfe in Anspruch nimmt. Beide geben ihre Arbeit gleich nach den Ferien bei der Lehrerin ab.

Nach zwei Wochen erfolgt die Rückgabe: Justin freut sich über eine 2 plus und Maxi schaut mit seiner 3 recht betrübt drein.

PP 9

Gerade mit ihrer Ausbildung fertig, übernimmt ein Lehrer die 7. Klasse. Von Anfang an geht er mit dem Thema Hausaufgaben sehr vorsichtig um und er ist bei der Kontrolle sehr nachsichtig. Außerdem führt er Gruppenarbeit in der Klasse ein und experimentiert mit Freiarbeit.

Bei einem Gespräch mit dem Elternvertreter ca. 14 Tage vor dem Elternabend vernimmt er aus einigen kritischen Untertönen, dass eine ganze Reihe von Eltern mit seinem Unterricht nicht zufrieden sind. Mehr Hausaufgaben, mehr üben, mehr Leistung, mehr Druck, halt insgesamt viel zu lasch – wird von Elternseite vorgebracht. Da nützt es auch nicht viel, dass der Lehrer auf arbeitsfreudige Schüler und eine gute Klassenatmosphäre verweisen kann. Er bereitet sich gezielt auf den Elternabend vor ...

PP 10

Ein junger Berufseinsteiger, der sich nur ungern an die Hausaufgabenqual seiner eigenen Schulzeit erinnert will es nun besser machen und geht einen eigenen Weg. Er setzt auf Freiwilligkeit und bietet jeden Tag unverdrossen seinen SuS zusätzliche Übungsmöglichkeiten an. Nach einiger Zeit stellt er erfreut fest, dass seine SuS zunehmend nach Übungen anfragen, es setzt ein richtiger Run ein.

Noch nicht alle SuS sind davon erfasst, aber das wird noch kommen.

Lösungsmatrix mit den wichtigsten Theorieaspekten zu den vorhergehenden Praxisproblemen

Theorieaspekte	**Praxisproblem PP Nr.**									
	1	2	3	4	5	6	7	8	9	10
Arbeitshaltung und Lernatmosphäre	X									
Bildungsplan u. Leistung		X	X	X						
Differenzierung			X							
Elternarbeit		X		X						
Erziehung u. Erziehungsstile	X	X	X							
Funktion von Hausaufgaben u. Hausaufgabenpraxis		X	X	X						
KL Lehrerrolle u. Personalführung	X									
Kommunikation	X									
Kooperation im Kollegium	X									
Schuljahresbeginn u. Klassenübernahme	X		X							
Schulsystem u. Übergangsproblematik				X						
Sozialverhalten			X							
Spielerisches Lernen u. Übung		X		X						
SuS u. Klasse	X			X						
Umgang mit Kritik		X		X						
Umgang mit Problemschülern			X							
Unterrichtsformen	X									
Veränderte Kindheit				X						

Abb. 16

C
a^2
$a^2 + b^2$
A
B
c^2

2.4.5 zur Klassenführung

➢ Zum Einstieg in dieses Themenfeld können Sie vorab einen Blick auf die unten abgebildeten Grobanalysen der folgenden vier Praxisprobleme werfen.

Aber Achtung! Die Reihenfolge ist vertauscht und Sie sollten eine Zuordnung selbst vornehmen!

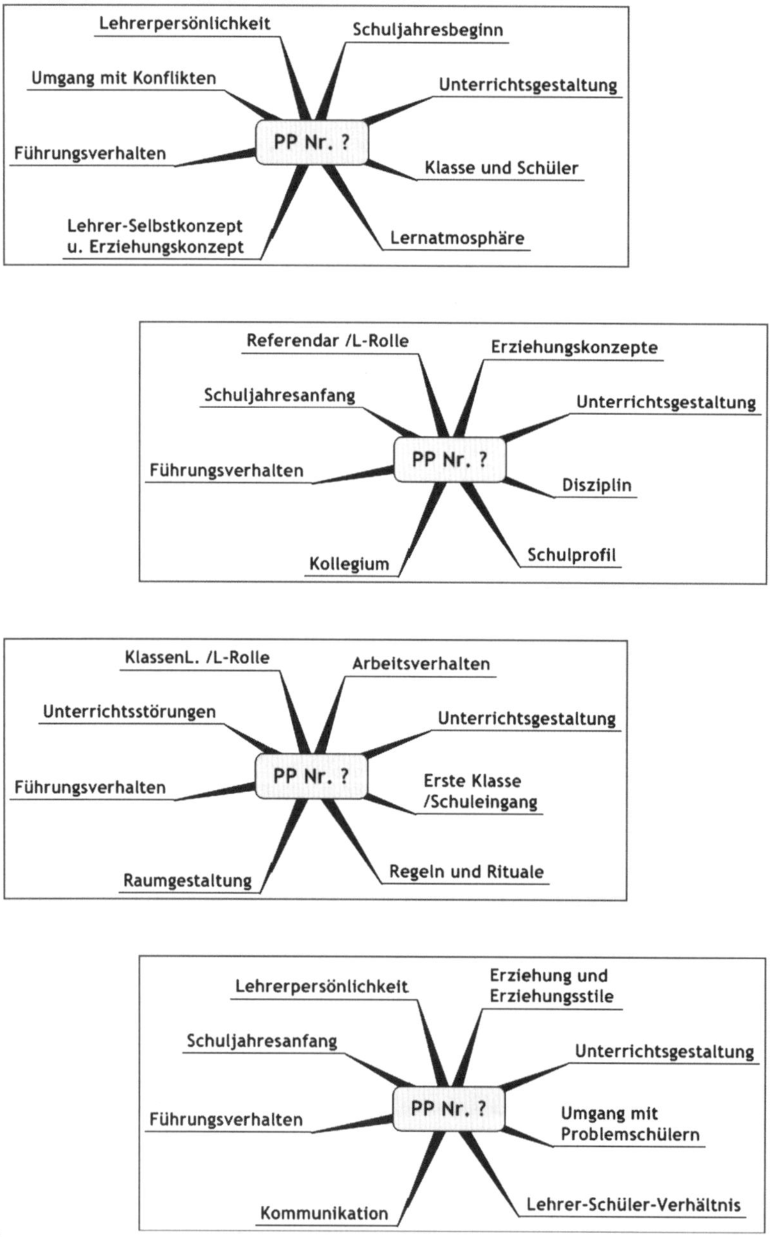

Abb. 17

- ➢ Unterstreichen Sie in den Texten die Signalwörter oder Signalwortgruppen.
- ➢ Formulieren Sie die Kernfrage(n) der Praxisprobleme.
- ➢ Versuchen Sie die Praxisprobleme gegebenenfalls zu visualisieren.
- ➢ Notieren Sie die sechs bis acht wichtigsten Aspekte der Grobanalyse oder ordnen. Sie die vorliegenden Grobanalysen einfach zu.

PP 1

Eine Referendarin berichtet von einer Gesamtlehrerkonferenz zu Schuljahresanfang, bei der 'man' sich darüber verständigt, oder auch ohne Widerspruch akzeptiert hat, dass 'man' jetzt am Anfang die Zügel straff hält und jeden Verstoß ahndet, um keine Undiszipliniertheiten aufkommen zu lassen.

PP 2

Eine Berufseinsteigerin berichtet von einem Schüler, bei dem sie gleich zu Schuljahresbeginn den Eindruck gewinnt, dass es zwischen ihr und dem Jungen irgendwann ganz gewaltig kracht. Sie ist sich da eigentlich schon ganz sicher.

PP 3

Eine Referendarin berichtet vom Schuljahresanfang und schildert ihre Klassensituation, in der sie alles tun muss, um den Deckel auf dem Topf zu halten. Sie hat das Gefühl, dass es jeden Moment zu einer Entladung kommen könnte.

- ➢ Nach PP 4 können Sie Ihre Grobanalysen 1–4 mit den Einträgen in der Matrix S. 51 vergleichen. Ihr Ergebnis muss nicht identisch sein! Sie sollten aber zu jedem PP mindestens vier Aspekte Ihrer Grobanalyse wiederfinden.

PP 4

Eine gewissenhafte Klassenlehrerin einer 1. Klasse ist verzweifelt. Es kommt kein funktionierendes Arbeitsbündnis zustande. Immer wieder fühlt sie sich im Unterricht von einigen Schülern gestört, die bereits nach wenigen Minuten sich nicht mehr beteiligen, sich mit anderen Dingen beschäftigen oder Kontakt zu Mitschülern aufnehmen. Und das obwohl sie jede Unterrichtsstunde sorgfältig plante. Den Hinweis des Kooperationslehrers, die

Kinder hätten im Kindergarten an Gruppentischen gesessen und seien deshalb das Hintereinandersitzen in Reihen nicht gewohnt, nahm sie auf und veränderte die Sitzordnung. Doch auch diese Maßnahme brachte keine Besserung.

PP 5

Ein Lehrer übernimmt eine fünfte Klasse, von der er sehr schnell den Eindruck hat, dass die Schüler untereinander sehr zerstritten sind und keinerlei Gemeinschaftsgefühl besitzen. Zwei Schüler werden ihm von einer Klassenlehrerin des vierten Schuljahres als besonders auffällig beschrieben. „Bei denen musst du von Anfang an den Daumen drauf halten, sonst tanzen die dir auf der Nase herum." Deswegen möchte er, bevor er so richtig mit der stofflichen Arbeit beginnt, einige Zeit für die Arbeit an diesem Problem investieren. In den Wochen bis zum Elternabend ist die Parallelklasse dadurch im Lehrplan schon viel weiter. Das bietet Zündstoff für die Diskussionen beim Elternabend. Der Lehrer erläutert sein Konzept, kann aber vor allem diejenigen Eltern nicht überzeugen, die ihre Kinder im sechsten Schuljahr auf der Realschule sehen möchten ...

PP 6

Im Mathematikunterricht der Mittelstufe in einer Klasse mit 28 SuS sind sechs „Hauptstörenfriede", die in die gesamte Klasse Unruhe bringen: 45 Minuten Lärm, sinnloses „im Klassenzimmer umherlaufen", Unruhe, Chaos ...

Die Lehrerin probiert viele Methoden, jedoch nur mit wenig Erfolg.

Tipp:

Anhänger der Kreativitätsforschung behaupten, im deutschen Schulsystem würde Schülerinnen und Schülern Kreativität abtrainiert und Unterricht sei in der Regel kontraproduktiv. Deshalb falle es den Absolventen im beruflichen Leben oft sehr schwer vertraute Wege zu verlassen.

Genau das müssen wir aber tun, wenn wir Probleme lösen wollen oder schulische Realitäten positiv verändern möchten.

Die Idee für diesen Tipp entstammt der *Utopiephase* aus der Methode *Zukunftswerkstatt*. Es handelt sich in der Analyse hier im Prinzip um eine Situationsumkehr, bei der wir die Gegebenheiten des Praxisproblems ins Gegenteil kehren und in den schillerndsten Farben beschreiben.

➢ Kopfstandaufgabe
  Wählen Sie sich ein Praxisproblem, das Ihnen besonders schwierig erscheint.

➢ Kehren Sie das Praxisproblem um, indem Sie dazu das PP Schritt für Schritt, Wort für Wort umkehren und malen Sie sich auch sämtliche Begleitumstände in blumigen Worten aus. Stellen Sie sich den Zustand nach einer optimalen Problemlösung konkret vor. Denken Sie dabei auch an die Emotionen der Beteiligten.

➢ Bündeln Sie Ihre Vorstellungen in einem Fünf-Minuten-Text, d.h. Sie schreiben alle Ihre Gedanken zu diesem Kopfstand fünf Minuten lang auf. Nicht länger!.

➢ Jetzt geht es an die Auswertung!
Der Vergleich der Zustände vor und nach dem Kopfstand lässt die Aspekte der Grobanalyse sofort erkennen.
Es gilt nun darüber nachzudenken wie und wodurch sich der Zustand verändert hat.
Was waren vermutlich die Knackpunkte der Veränderung?

➢ Sie merken: Statt, das ist das Problem – was können wir tun?
heißt es jetzt, wir haben zwei Zustände – was ist passiert?

Viel Spaß dabei!

PP 7

Eine Referendarin fährt mit ihrer zehnten Klasse mit öffentlichen Verkehrsmitteln ins Theater zu einer Aufführung von „Maria Stuart“. Sie erreichen ohne Zwischenfälle pünktlich das Festspielhaus. Die 31 SuS verköstigen sich vorher und nehmen dann ihre Plätze ein. Alle verfolgen diszipliniert und mehr oder weniger interessiert die Aufführung. Hernach erhalten die SuS drei Stunden zur freien Verfügung in der Stadt. Pünktlich treffen sie um 15.45 Uhr am Ausgangsbahnhof ein. Die Eltern sind mit der Durchführung der Aktion sehr zufrieden.

PP 8

In der Klasse sechs befindet sich ein hyperaktiver Schüler, der deshalb auch Medikamente einnimmt. Oft – vor allem morgens – verhält er sich unauffällig, oft läuft er aber auch während des Unterrichts einfach „ganz cool“ durch das Klassenzimmer.
Dabei spielt es keine Rolle ob Allein-, Partner- oder Gruppenarbeit stattfindet.

PP 9

Ein Referendar unterrichtet im dritten Schuljahr. In der Klasse tun sich mehrere Klassenkasper besonders hervor ... Das empfindet er nicht allzu schlimm.

Der Referendar versucht es mit Präsenz und Schwung, sie zu sich zu holen, ihnen eine Auszeit mit Stillarbeit zu geben, ihnen ihr Publikum zu entziehen ...

Er zeigt Allgegenwärtigkeit und ist bemüht seinen Fokus auf das Gelingende zu richten.

PP 10

Ein Referendar unterrichtet in der zweiten Klasse und die bisher gehaltenen Stunden liefen recht problemlos ab. Als nun die Mentorin erkrankt treten massive Unterrichtsstörungen auf ... Ein Unterrichten ist nur durch ständiges Ermahnen und für Ruhe sorgen möglich. Der Referendar möchte ohne schwere Sanktionen auskommen ...

Tipp!

Bei Konflikten kann die Lehrerin oder der Lehrer nicht lediglich Arrangeur von Diskussionen spielen, sondern er hat auch Partei für das Rechte und Gute zu ergreifen. Denn nichts ist gleichgültig. Analog zu Watzlawicks Axiom gilt hier: Man kann nicht nicht werten. Bringen Sie sich deshalb als Person ganz ein!

Lösungsmatrix mit den wichtigsten Theorieaspekten zu den vorhergehenden Praxisproblemen

Theorieaspekte	**Praxisproblem PP Nr.**									
	1	2	3	4	5	6	7	8	9	10
Arbeitsverhalten				X						
Disziplin u. Umgang mit Problemschülern	X	X								
Erziehungskonzepte u. Erziehungsstile	X	X								
Führungsverhalten	X	X	X	X						
Klasse und Schüler u. Schuleingang			X	X						
Kollegium	X									
Kommunikation		X								
Lehrerpersönlichkeit	X	X	X							
Lehrer-Schüler-Verhältnis		X		X						
Lehrer-Selbstkonzept u. Erziehungskonzept			X							
Lernatmosphäre und Raumgestaltung			X	X						
Referendar u. Lehrerrolle										
Regeln und Rituale, Steuerung u. Intervention				X						
Schuljahresbeginn	X	X	X							
Schulprofil	X									
Umgang mit Konflikten u. Unterrichtsstörungen			X	X						
Unterrichtsgestaltung	X	X	X	X						

Abb. 18

2.4.6 Trainingspause

Liebe Leserin, lieber Leser,

Sie haben nach den ersten fünf Themenfeldern bemerkt, dass die Überschneidungen der Themen sehr groß sind und wir z. B. das PP 3.4.3.3 aus dem Feld Elternarbeit durchaus auch dem Feld Hausaufgaben zuordnen könnten. Jedes PP wird ganz einfach aufgrund der Vernetzung von mehreren Themenfeldern berührt und wir mussten uns, um hier eine Übersichtlichkeit rein zu bringen, für eine Zuordnung entscheiden. Das geschah in der Gewissheit, dass im Einzelfall die Zuordnung eines PP's fragwürdig erscheint. Solche Zweifel sind gut und bringen Gedanken in Bewegung.

Allerdings möchten wir an dieser Stelle Ihren Blick für die Zusammenschau schärfen, die dann diese Zuordnungen vielleicht in anderem Licht erscheinen lassen.

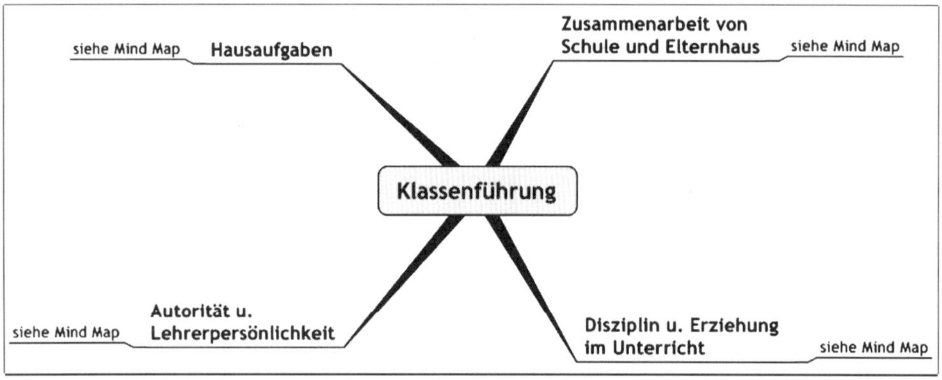

Abb. 19

So wie das Themenfeld Klassenführung von den vier Feldern umringt wird, wird auch jedes dieser fünf Felder jeweils von den anderen vier Feldern umringt.

Wenn Sie sich nun eine großformatige Gesamtdarstellung mit Hilfe der angegebenen Mind Maps konstruieren, dann haben Sie sozusagen eine vorläufige Zusammenfassung aller Feinanalysen zu den bisherigen fünfzig Praxisproblemen.

Probieren Sie es aus und viel Erfolg!

2.4.6.1 Trainingsfutter

Bei Ihrem weiteren Training können Sie die Problemanalyse auf die Konstruktion von Handlungsstrategien ausweiten. Damit dies gelingen kann, erhalten Sie an dieser Stelle eine Aktionsliste, die in jahrelanger Seminararbeit entstanden ist und sich vielfach bewährt hat.

Rezepte für die Lösung von Praxisproblemen gibt es nicht! Aber die nachfolgende Zusammenstellung kann und soll Ihren Blick für die Möglichkeiten des Handelns öffnen. Von dort aus entwickeln Sie sicher weitere kreative Ideen oder erkennen Recherchepotential.

Handlungsmöglichkeiten in pädagogischen Problemsituationen

Die Auflistung der Aktionsfelder beinhaltet keinerlei Wertung etwa im Blick auf ihre Relevanz. Dies gilt auch für die aufgelisteten Aktionen.

Außerunterrichtliche Maßnahmen und Elternarbeit

- ***Arbeitsaufträge für Vorbereitung von U-themen***
- ***Arbeitsgemeinschaften einrichten***
- ***Beteiligung an Arbeitsgemeinschaften***
- ***E.-L.-Sportgruppe***
- ***E.-L.-Stammtisch***
- ***Einbeziehung der Erz.-Beratung***
- ***Eltern einbeziehen bei Klassenzimmergestaltung***
- ***Elternrundbrief***
- ***Eltern-SuS-Lehrergespräch***
- ***erlebnispädagogische Aktionen***
- ***für Schulfeier proben***
- ***gemeinsame Aktionen mit Vereinen***
- ***Gemeinsamer Mittagstisch***
- ***gemeinsames Wochenende***
- ***Gespräch mit SuS suchen***
- ***Grillfest mit SuS und Eltern***
- ***Hausbesuche***
- ***Klassenfest***
- ***Lerngänge***
- ***Pausen mit SuS verbringen***
- ***Schulfest***
- ***Sprechstunde***
- ***Theaterbesuch***
- ***Verteilung von Schüleraufträgen***
- ***Wandertag/Ausflug***
- ***Zusammenarbeit mit Vereinen***
-

Interventionsmöglichkeiten im Unterricht

- ***Arbeitsform spontan ändern***
- ***Beruhigungsphase einbauen***
- ***Bewegungsspiele***
- ***Blickkontakt herstellen***
- ***emotionale Distanz erzeugen oder „Time out“***
- ***erwünschtes Verhalten bei anderen SuS verstärken***
- ***Lied singen***
- ***neues Medium einführen***
- ***paradoxes Verhalten des Lehrers***
- ***persönliche Nähe***
- ***persönliches Gespräch suchen***
- ***Poster über die Spielregeln aufhängen***
- ***Rollenspiel***
- ***Situation in der Klasse thematisieren***
- ***Sitzordnung verändern***
- ***SoS „packen“***
- ***SoS beim Namen nennen***
- ***SoS in den Arm nehmen***
- ***Störer aufrufen und z. B. wiederholen lassen***
- ***Streicheleinheiten***
- ***SuS Gesprächsführung übergeben***
- ***U. abbrechen und etwas anderes tun***
- ***Unterrichtsort wechseln***
-

Kooperation im Kollegium

- ***Austausch von Materialien***
- ***Erfahrungsaustausch***
- ***fächerübergreifender oder fächerverbindender Unterricht***
- ***feste Sitzordnung bei allen Kolleginnen***
- ***gegenseitig im Unterricht hospitieren***
- ***gemeinsame Fortbildung***
- ***gleiche Verhaltensregeln bei allen Lehrern der Klasse***
- ***kein Verheimlichen eigener Probleme***
- ***Klassenkonferenz bzw. Teamsitzungen***
- ***pädagogischer Gesprächskreis***
- ***Pädagogischer Tag***
- ***persönliche Gespräche mit Kollegen***
- ***Projekte***
- ***SoS- und Klassenpartnerschaften***
- ***Stammtisch oder ähnliche Unternehmungen***
- ***Vertrauenslehre für's Kollegium***
- ***Zuhören können***

Planungs- und Organisationsmaßnahmen

- *„Rhythmischer Teil" am Anfang*
- *Abschaffung des Gongs*
- *bewusster Sozialformenwechsel*
- *Differenzierung*
- *Erfüllung von organisatorischen Aufgaben*
- *flexible Pausenregelung*
- *Gruppenarbeit/handlungsorientierter U.*
- *Klassenzimmer ausgestalten*
- *Konsequenz beim Einhalten von Regeln*
- *Medien und Anschauungsmittel*
- *Partizipation einräumen*
- *Partnerarbeit*
- *Projekte anleiern*
- *Rituale einsetzen*
- *Selbstkontrolle einbauen*
- *Sitzordnung verändern*
- *Spiel- und Erholungsecke*
- *Stillarbeitsphasen*
- *SuS sollen U. selbst gestalten*
- *Tagesplan und Wochenplan einführen*

Strafen und Ordnungsmaßnahmen

- *Appell an Einsicht*
- *Arbeit über die Pause hinweg*
- *Aufsatz über Fehlverhalten*
- *Aufsatz über jeweiliges Thema der Stunde*
- *Botschaft an die Eltern*
- *Entzug von Belohnung*
- *gelbe/rote Karte zeigen*
- *Klassenkonferenz/Aussprache*
- *Minuspunkt in einer Klassenliste*
- *mündlicher Tadel*
- *Nacharbeiten nach dem Prinzip der „natürlichen Folgen"*
- *Nachsitzen am Nachnittag*
- *Nichtbeachten des (aggressiven) Schülerverhaltens*
- *schriftlicher Tadel*
- *Selbstregulierung durch die Klasse*
- *SoS an anderen Platz setzen*
- *SoS wird in andere Klasse geschickt*
- *Spielzeit kürzen oder streichen*
- *Strafarbeit unterschreiben lassen*
- *Strafarbeit, die sinnvoll im Unterricht integriert werden kann*

Veränderung des Lehrerverhaltens und der Lernatmosphäre

- ***als L. seine Handlungen begründen***
- ***als Person in U. einbringen***
- ***angstfreies Lernen ermöglichen***
- ***Feedback im Unterricht***
- ***Fehler zugeben/Offenheit gegenüber SuS***
- ***Gespräche über soziale Interaktionen in der Klasse***
- ***häufiger loben – weniger tadeln***
- ***Humor zeigen***
- ***Ich-Botschaften***
- ***Kritik zulassen***
- ***L. setzt sich stillschweigend hin***
- ***Metakommunikation***
- ***Morgen- oder Gesprächskreis***
- ***offene Aussprache mit den SuS***
- ***persönliche Schwächen eingestehen***
- ***persönliche Stoppbefehle***
- ***positiv bestärken nach dem U,***
- ***SuS Änderung des Lehrerverhaltens als Gegenreaktion bewusst machen***
- ***Veränderung der Tonlage***

Tipp!

Hier erhalten Sie die Angaben sehr praxisorientierter Bücher als Literaturtipps, mit deren Hilfe Sie bei Bedarf Ihr Handlungsrepertoire noch weiter ausbauen oder verfeinern können:

1. Gert Lohmann: Mit Schülern klarkommen. Cornelsen Scriptor 2003
2. Hans-Dieter Göldner (Hrsg.): Schwierige Schüler – was tun? Oldenbourg 2007, 3. überarbeitete Auflage
3. Thomas Unruh: Der Lehrer-Coach. Praxiserprobte Tipps für den Lehreralltag. Buxtehude 2008
4. Udo W. Kliebisch/Roland Meloefski: LehrerAlltag. Pädagogik für die Praxis. Hohengehren 2007

Anmerkung:

In das Material zu den nachfolgenden Themenfeldern sind absichtlich verschiedene Analysehilfen, Maßnahmenkataloge und Beispiele eingestreut, um durch Abwechslung in der Darstellung bei den Lesern die Aufmerksamkeit wach zu halten.

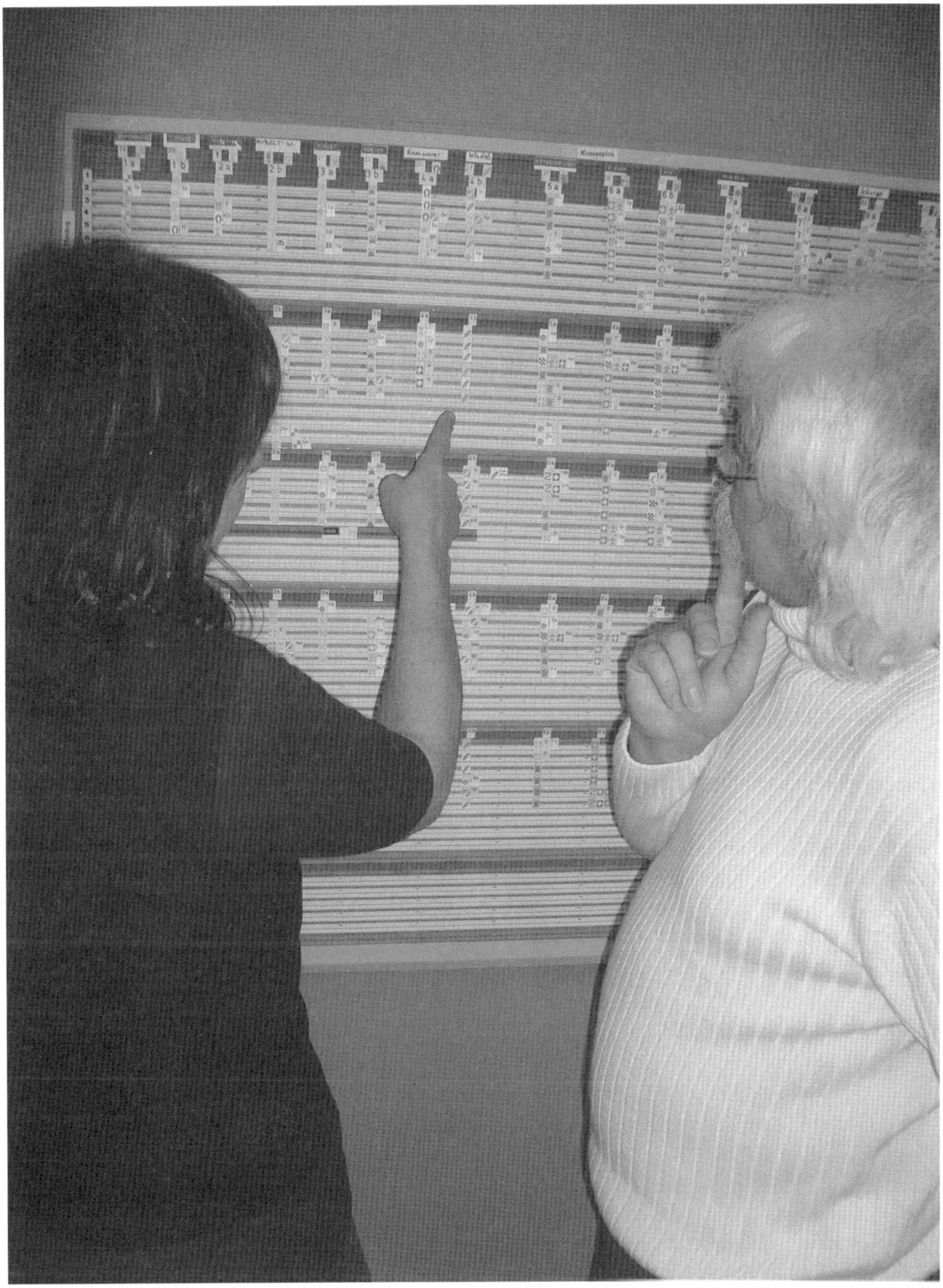

2.4.7 zur Klassenübernahme

- Unterstreichen Sie in den Texten die Signalwörter oder Signalwortgruppen.
- Formulieren Sie die Kernfrage(n) der Praxisprobleme.
- Versuchen Sie die Praxisprobleme gegebenenfalls zu visualisieren.
- Notieren Sie die sechs bis acht wichtigsten Aspekte der Grobanalyse.

PP 1

Ein Lehrer übernimmt eine siebte Klasse, von der er sehr schnell den Eindruck hat, dass die Schüler untereinander sehr zerstritten sind und keinerlei Gemeinschaftsgefühl besitzen. Zwei Schüler werden ihm von der Klassenlehrerin des 5. und 6. Schuljahres als besondere Rüpel avisiert. „Bei denen musst du von Anfang an den Daumen draufhalten, sonst tanzen die dir auf der Nase herum." Deswegen möchte er, bevor er so richtig mit der stofflichen Arbeit beginnt, einige Unterrichtszeit für die Arbeit an diesem Problem investieren. In den Wochen bis zum ersten Elternabend ist die Parallelklasse dadurch im Stoffplan schon viel weiter ...

PP 2

Ein Lehrer übernimmt eine fünfte Klasse, die aus verschiedenen vierten Klassen zusammengesetzt wurde. Da er von den Grundschulen weiß, dass dort mit offeneren Unterrichtsformen gearbeitet wurde, möchte er das von Anfang an gern weiterführen. Bei einigen Schülern stellt er jedoch fest, dass diese offensichtlich gegen selbstständiges Lernen eine regelrechte Abneigung haben. Besonders Wiebke fällt ihm in dieser Hinsicht auf. Im Gespräch mit ihrer früheren Klassenlehrerin erfährt der Lehrer, Wiebke habe im 3. und 4. Schuljahr zunehmend die Schule geschwänzt und sei ‘ein ziemlich faules Stück’. Entsprechend habe ja auch ihr Zeugnis ausgesehen. Die Eltern sehen das allerdings etwas anders: Frau N., die ehemalige Klassenlehrerin habe sich vor allem um die besseren Schüler gekümmert, die jetzt nicht mehr in der Klasse sind. Und sie sei sehr ungeduldig mit den Schwächeren gewesen.

Tipp:

Hermeneutiker gehen archäologisch vor und entwickeln aus wenigen Äußerungen möglichst viele Konstruktionen. Im Kern beruht das interpretatorische Verfahren darin, jede Kleinigkeit eines Sprechereignisses oder einer Handlung auf ihren Kontext hin zu analysieren. Dabei werden auch Spuren verfolgt, um bestimmte, mögliche Interpretationen auszuschließen.

Auf unsere Problemanalyse übertragen heißt das:

Wir fragen bei einem Praxisproblem nicht nur – Wie wirkt diese Lehrerpersönlichkeit? – sondern auch – Wie wirkt sie mit Sicherheit nicht?

oder
Nicht nur – Was bewirkt dieser Impuls? – sondern auch – Was bewirkt er nicht?
oder
Was drückt der Schüler mit seiner Frage aus? – Was drückt er nicht aus?

➢ Schulen Sie Ihren Blick für die Kleinigkeiten eines Praxisproblems, indem Sie archäologisch vorgehen und jede noch so kleine kleine Spur verfolgen.

➢ Denken Sie immer an das Ausschlussverfahren!

Viel Spaß dabei!

PP 3

Ein junger Lehrer übernimmt eine sechste Klasse mit 26 SuS. Er will mit der Klasse wenige Wochen nach Schuljahresbeginn ins Schullandheim. Der Lehrer will seine beiden „Hyperaktiven", die schon lange zu Außenseitern geworden sind, trotz guten Zuredens des begleitenden Referendars nicht mitnehmen ...

An dieser großen Stadtschule ist es üblich, dass solche Schüler während der Zeit des Schullandheimaufenthaltes zu Hause in der Parallelklasse unterrichtet werden. Die Eltern tragen diese Maßnahme mehrheitlich mit, um den begleitenden Lehrern die Klassenführung etwas zu erleichtern. Schließlich bekommen die Lehrer ihren Mehrarbeitsaufwand für eine solche Aktion nicht bezahlt.

➢ **Statt einer Mind Map zu Anfang erhalten Sie diesmal eine komplett ausgefüllte Matrix!**

➢ Nach PP 4 können Sie Ihre Grobanalysen mit der Matrix S. 62 vergleichen.

Sie sollten möglichst alle Ihre Aspekte in der Matrix wiederfinden. Ausnahmen bestätigen allerdings die Regel, deshalb gibt es noch zwei leere Zeilen.

PP 4

Eine Lehrerin ist neu in einer neunten Klasse eingesetzt. Bei ihren ersten Unterrichtsstunden zum Thema Berufswegeplanung stellt sie erstaunt fest, dass die SuS keine Ahnung davon haben, worauf es bei der Berufsfindung ankommt. Bei ihrem ersten Elternabend stellt sie ebenfalls fest, dass auch viele Eltern der SuS nicht wissen, worauf es bei der Berufswegeplanung ankommt und welche Beratungs- und Erkundungsmöglichkeiten es für Jungen und Mädchen gibt.

PP 5

Eine Lehrerin übernimmt eine 3. Klasse, die ihr vom Schulleiter als Sorgenkind ans Herz gelegt wird. Durch häufigen Lehrerwechsel sei die Klasse in ihrem Leistungsstand der Parallelklasse weit unterlegen. Auch sei die Klasse insgesamt etwas aus dem Ruder gelaufen. Drei Kinder fallen der Lehrerin in den ersten gemeinsamen Wochen besonders ins Auge. Achim, ein verträumter Junge, fragt immer erst zweimal nach, bevor er mit einer Arbeit beginnt. Sven versucht mit seinen Clownerien stets die Aufmerksamkeit der Klasse auf sich zu ziehen. Den Lernstoff findet er öde und langweilig. Katja klagt ständig über Kopfschmerzen, weint leicht und entzieht sich Anforderungen sehr schnell.

PP 6

Eine junge Lehrerin hat an einer sozialen Brennpunktschule eine dritte Klasse als Klassenlehrerin übernommen. Die Klasse gilt als lernschwach und schwierig. Viele Kinder sind tagsüber sich selbst überlassen, zeigen Verhaltensauffälligkeiten und halten keine Grenzen ein. Bei einem Mädchen wurde sie von ihrer Vorgängerin besonders gebeten, die Augen offen zu halten, da es häufig große Probleme mit Nähe und Distanz zeige. Im Unterricht zeigt sich die Klasse unkonzentriert und motorisch unruhig. Besonders Unterrichtsgespräche kosten die Kollegin viel Kraft. Der in der Klasse unterrichtende Fachlehrer belächelt ihr Engagement für die Klasse. Sie werde auch noch schlau werden.

PP 7

Durch sinkende Schülerzahlen mussten zum Schuljahresbeginn aus vier zweiten Klassen drei Klassen der Stufe 3 gebildet werden. Eine Lehrerin übernimmt die Klasse 3a mit 29 Schülern. Nach wenigen Wochen ist sie kräftemäßig erschöpft. Die Leistungsschere klafft weit auseinander, viele Kinder zeigen Probleme besonders im Bereich der Rechtschreibung. Der Lärmpegel während des Unterrichts ist zu hoch, die Klasse ist unkonzentriert und zerstritten. Besonders nach den Pausen sind zuerst einmal Streitereien zu schlichten. Peter, der auf Grund seiner Ungeschicklichkeit von den anderen gehänselt wird, rastet häufig aus und schlägt wild auf die anderen ein. Die Fachlehrer raten ihr, hart durchzugreifen. „Die tanzen dir sonst auf dem Kopf herum."

PP 8

Zu Beginn des neuen Schuljahres bekommt ein Junglehrer eine Stelle an einer großen Mittelpunktschule und soll eine 5. Klasse als Klassenlehrer mit den Fächern Erdkunde und Mathematik übernehmen.

Ein kleiner Teil der Schüler kennt – wie er erfahren hat – von der Grundschule her Unterrichtsformen, wie Freiarbeit und Wochenplanunterricht, der größere Teil wurde bisher nur lehrerzentriert unterrichtet. Schon nach zwei Unterrichtswochen stellt er fest, dass die Leistungsunterschiede – insbesondere in Mathematik – ganz erheblich sind. Außerdem tun sich Kevin und Alexander durch Unfug und Blödeleien immer mehr hervor, wofür sie von den Mitschülern auch noch Beifall und Gelächter ernten. Dabei sind gerade diese beiden auch noch ständig in Keilereien verwickelt.

PP 9

Ein Lehrer übernimmt eine 5. Klasse, die aus verschiedenen vierten Klassen zusammengesetzt wurde. Die einzelnen Gruppen zeigen sich in den Pausen sehr zerstritten. Da er von der Grundschule weiß, dass dort mit offenen Unterrichtsformen gearbeitet wurde, möchte er dies weiterführen. Bei den Schülern der ehemaligen 4c stellt er bald fest, dass diese mit offenen Arbeitsformen nichts anfangen können. Besonders negativ fällt dabei Julian auf, der nur wenig mitarbeitet, Schwierigkeiten mit Arbeitsanweisungen hat und sehr langsam arbeitet. Von den anderen wird er abgelehnt. Die Rücksprache mit den Eltern macht deutlich, dass sie die Klassenlehrerin für sein Verbleiben in der Hauptschule verantwortlich machen. Sie hätte nie Hausaufgaben gegeben, die Schüler zu keiner Arbeitshaltung erzogen und sei mit den schwächeren sehr ungeduldig gewesen.

PP 10

Eine Berufseinsteigerin übernimmt eine vierte Klasse als Mutterschaftsvertretung.

Im Fach MSG gibt es einige SuS, die keine oder mangelhaft geführte Ordner mitbringen ...
Sie hat den Eindruck, dass sie die Fächer einfach nicht ernst nehmen.

Lösungsmatrix mit den wichtigsten Theorieaspekten zu den vorhergehenden Praxisproblemen

➢ Versuchen Sie einmal in jeder Spalte das Kreuz zu markieren, das den nach Ihrer Einschätzung wichtigsten Aspekt zur Lösung des jeweiligen PP's andeutet.

Theorieaspekte	Praxisproblem PP Nr.									
	1	2	3	4	5	6	7	8	9	10
Didaktische Prinzipien z.B. Motivation				X						X
Didaktisch-methodisches Konzept u. Unterrichtsformen		X		X	X	X	X	X	X	
Disziplin, Eriehung u. Bildungsplan			X		X	X	X	X	X	X
Elternarbeit , Zusammenarbeit zwischen Schule u. Eltern	X	X	X	X		X		X	X	
Erzieherisches Konzept u. Erziehungsstile	X	X			X			X		X
Klassenführung u. Interventionstechniken	X		X		X		X			X
Förderung der Klassengemeinschaft	X		X				X	X	X	
Kommunikation	X	X				X			X	
Kooperation zwischen Lehrern			X			X	X			
Lehrerpersönlichkeit u. Lehrerwechsel	X	X		X	X					X
Lehrer-SuS-Verhältnis	X	X	X		X	X				X
Lernumgebung u. außer-schulische Lernorte			X							
Organisation u. Zeitmanagement			X				X			
Rahmenbedingungen des Unterrichts				X		X	X	X		
Umgang mit Problemschülern bzw. -klasse	X	X	X	X	X	X		X	X	
Unterrichtsbeobachtung u. Diagnostik					X		X		X	

Abb. 20

2.4.8 zu Kommunikation

- Unterstreichen Sie im Text die Signalwörter oder Signalwortgruppen.
- Formulieren Sie die Kernfrage(n) der Praxisprobleme.
- Versuchen Sie die Praxisprobleme 5-10 ebenfalls zu visualisieren!
- Klären Sie für sich die vermuteten Beziehungen zwischen den Personen!
- Notieren Sie die sechs bis acht wichtigsten Aspekte Ihrer Grobanalyse.

PP 1

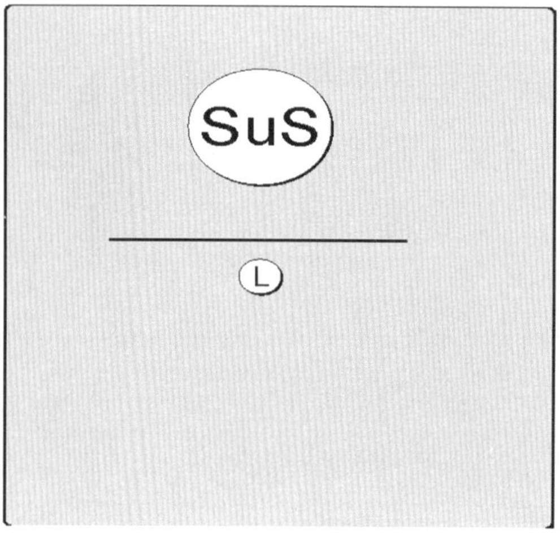

Abb. 21

Der Fachlehrer einer siebten Klasse betritt das Klassenzimmer. Alle Schülerinnen und Schüler sitzen – völlig unerwartet – ruhig auf ihren Plätzen.

Als er neben dem Pult stehen bleibt und sich zur Klasse wendet, setzt ein Sprechchor ein: „Wie wir alle wissen –– Mathe ist beschissen!"

Der Lehrer hört kurze Zeit zu, dann zieht er sein Notenbuch und schreit: „Wer nicht sofort den Mund hält, bekommt eine sechs in Mündlich wegen Leistungsverweigerung!" Hierzu nebenstehend eine Visualisierung!

PP 2

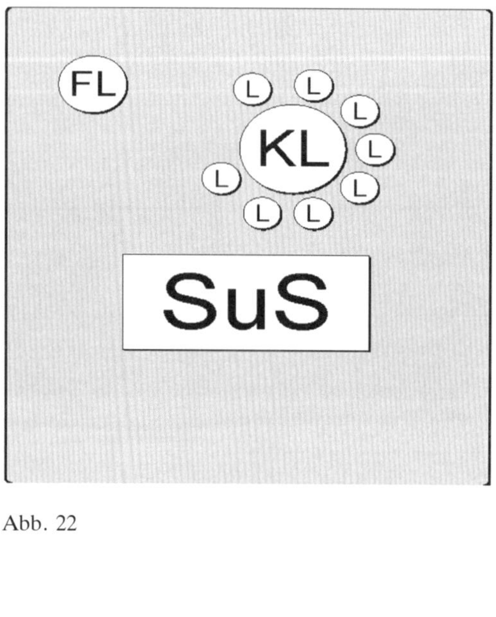

Abb. 22

Eine Lehrerin unterrichtet als Fachlehrerin in einer 3. Klasse. Die Klassenlehrerin ist eine Kollegin, die die Schüler mit straffer Hand führt. Die Kinder werden überwiegend frontal unterrichtet, haben fast alle eine tadellose Schrift und eine saubere Heftführung. Das Klassenzimmer ist schmucklos und beengt. Die FL möchte diese Situation für Ihren Unterricht verändern und führt ein Gespräch mit der Klassenlehrerin, die sie auf die anstehende Klassenkonferenz verweist. Doch sie macht Ihr wenig Hoffnung: „Bislang haben wir auch so ganz gut unterrichten können."

PP 3

Ein junger Lehrer unterrichtet im 6. Schuljahr. Wieder einmal kommt er zur Belustigung mancher Kollegen mit Tüten voller Material für die Freiarbeit.

Auf dem Weg zum Klassenzimmer kommen ihm zwei Mädchen entgegen und berichten ganz aufgeregt, dass sich gerade wieder zwei Buben verprügeln. Der Lehrer betritt das Zimmer, stellt seine Sachen in die Ecke und schaut die „Streithähne" an ...

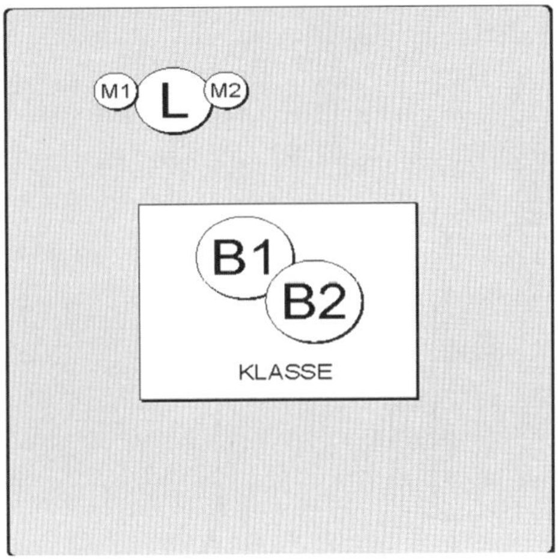

Abb. 23

➢ Nach PP 4 können Sie Ihre Grobanalysen mit der folgenden Mind Map zum Themenfeld Kommunikation abgleichen.

PP 4

In einer 6. Klasse leidet eine Fachlehrerin darunter, dass die Schüler zu Unterrichtsbeginn nur schwer zur Ruhe zu bringen sind.

Wegen der Penetranz dieser Störungen erteilt sie auch Strafen. Die Lehrerin hat allmählich unangenehme Gefühle der Klasse gegenüber.

Da erhält sie einen Brief mit dem Inhalt: „Warum können Sie uns nicht leiden?"

Unterschrieben haben die vier auffälligsten Schüler.

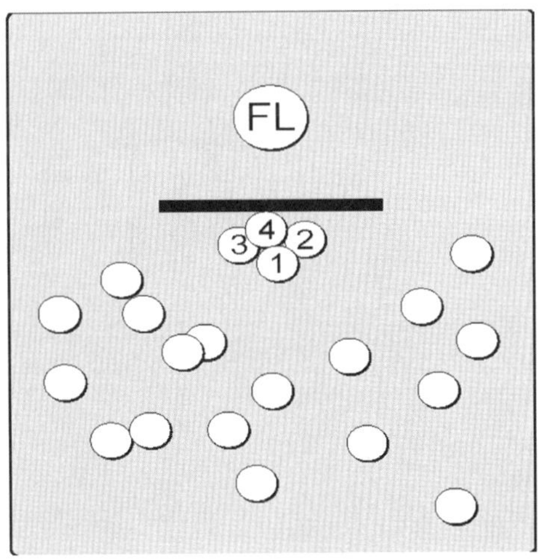

Abb. 24

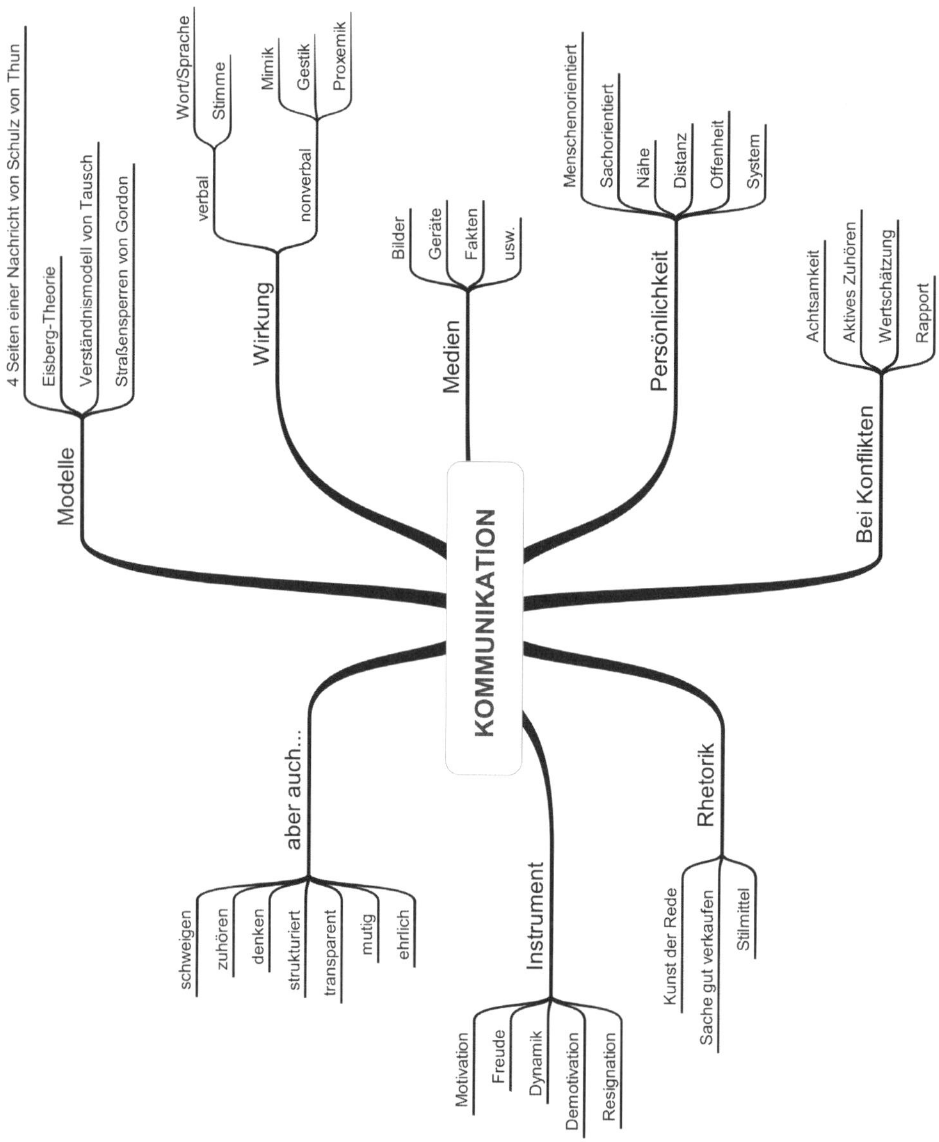

Abb. 25

Tipp: Siehe dazu auch „Beziehung gestalten" S. 105

PP 5

Im Deutschunterricht der 13. Klasse äußert der Lehrer bei der Einführung eines Abiturthemas den Satz: „Ich weiß, dass es euch nicht interessiert, aber wir müssen jetzt nun mal mit Effi Briest beginnen.“

PP 6

Auf dem Schulhof einer Förderschule steht ein Lehrer in Hördistanz zu zwei Schülern und kriegt deshalb mit wie der eine sagt: „Weisch du wie geht?“ Der Gefragte antwortet: „Der Hohenstein, die Kachel, kann doch nix erklären, das rafft keiner!“

PP 7

Die Deutschlehrerin einer 5. Klasse ist der Ansicht, die Gestaltung des Schullebens sei eine wesentliche Aufgabe ihres Faches. Sie weiß um die Bedeutung der positiven Lernatmosphäre und bemüht sich deshalb intensiv um die Kommunikation. Dabei erkennt sie als Fachlehrerin, dass ihr Grenzen gesetzt sind: Jede Diskussion mit der Klasse kostet viel Kraft und scheitert meist nach wenigen Minuten.

PP 8

In der achten Klasse beginnt Frau Müller ihren Unterricht mit der Feststellung:

„Tabellen lesen ist wichtig! Deshalb wollen wir heute lernen, wie man Statistiken zur Arbeitslosigkeit und zur Einkommensverteilung richtig interpretiert. Ich teile euch dazu einige Arbeitsblätter aus, die ihr in Partnerarbeit bearbeiten sollt.“

PP 9

Eine Kollegin wird anlässlich der bevorstehenden Verbeamtung vom Rektor zum wiederholten Mal überprüft. Diesmal ist auch der Schulrat dabei. Die Berufseinsteigerin wird zehn Tage vorher verständigt. Nach der Überprüfung sagt die Lehrerin, sie habe die Verbeamtung nicht bekommen, sondern ein weiteres halbes Jahr Aufschub erhalten. Sie verstehe das nicht, denn die Stunde sei gut gelaufen. Aber beide hätten an allem Möglichen herumkritisiert, was sie nicht so sähe.

PP 10

Eine Referendarin engagiert sich mit ihrer siebten Klasse für ein Kunstprojekt. Zu diesem Zweck muss sie an der Nachbarschule mit ihren SuS Plakate drucken. Der reservierte Drucktermin platzt jedoch, weil die Rektorin ihre Klasse anderweitig verplant hat. Das Nichteinhalten des Drucktermins bringt der Referendarin jedoch heftige Kritik der Rektorin der Nachbarschule ein. Sie bricht daraufhin in Tränen aus.

Lösungsmatrix mit den wichtigsten Theorieaspekten zu den vorhergehenden Praxisproblemen

Theorieaspekte	Praxisproblem PP Nr.									
	1	2	3	4	5	6	7	8	9	10
Botschaften u. Theoriemodelle										
FL- Problematik u. Lehrerrolle										
Gesprächserziehung z.B. Diskussion										
Guter Unterricht										
Klassenführung u. Erziehungsstil										
Klassengemeinschaft										
Kommunikationstraining										
Lehrerpersönlichkeit u. Gesprächsführung										
Lernen am Modell										
Lernumgebung u. Lernatmosphäre										
L-SuS-Verhältnis										
offener Unterricht										
Organisation u. Zeitmanagement										
Straßensperren der Kommunikation										
Umgang mit Unruhe u. Interventionstechniken										
Unterrichtseinstieg u. Motivation										
Veränderungsstrategien u. Taktiken										

Abb. 26

Wo würden Sie sich
auf dem Weg der Öffnung
einstufen?
Erste
Schritte

2.4.9 zum Lehr- und Lernprozess

Zur Orientierung beginnen wir mit einer Mind Map zum Themenfeld

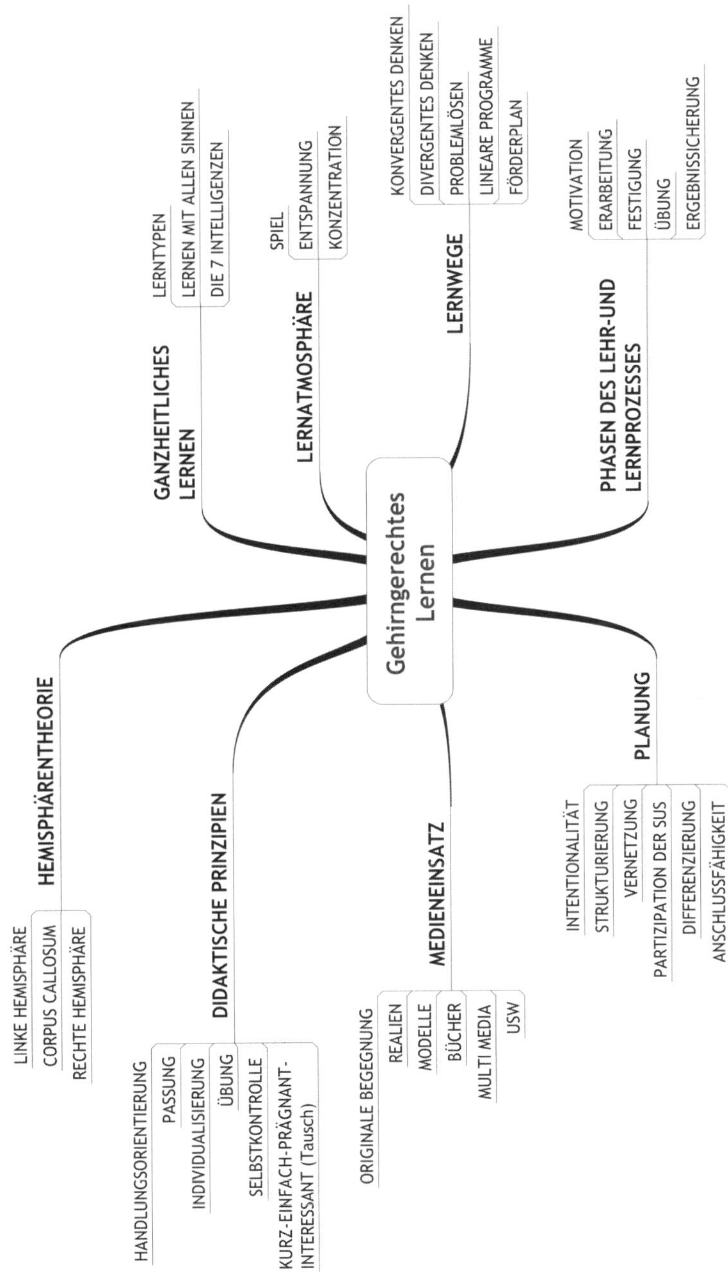

Abb. 27

- ➢ Unterstreichen Sie in den PP’s die Signalwörter oder Signalwortgruppen.
- ➢ Formulieren Sie die Kernfrage(n) der Praxisprobleme.
- ➢ Versuchen Sie die Praxisprobleme gegebenenfalls zu visualisieren.
- ➢ Notieren Sie die sechs bis acht wichtigsten Aspekte der Grobanalyse.

PP 1

In der Unterrichtsstunde zum Thema „My family“ entwickelt die Referendarin in der lehrergelenkten Erarbeitungsphase ein umfangreiches Tafelbild. Analog dazu erhalten die SuS im Anschluss ein Arbeitsblatt, das sie in Einzelarbeit ausfüllen. Beim Übertrag des Vokabulars aufs Blatt können allerdings zahlreiche Falschschreibungen beobachtet werden.

Wir beginnen das Training in diesem Themenfeld mit einer Musterlösung der Problemanalyse zum PP 1.

Lösungsansätze finden sich dort, wo uns ein Licht auf ging. Das Erlernen der Arbeitstechnik Abschreiben in Verbindung mit Strategien zur Fehlerververmeidung und unter Einsatz von (Korrektur)-Helfern bei gleichzeitiger unterrichtlicher Thematisierung von Fehlern könnten Eckpfeiler einer Handlungsstrategie sein. Gleichzeitig verlangt das PP ein genaueres Hinschauen der Referendarin, damit bei SuS eventuelle Lernschwächen etwa visueller Art erfasst werden und Fördermaßnahmen eingeleitet werden können. Natürlich muss sie für ein Gelingen selbst die Kriterien eines guten Tafelanschriebs erfüllen und während der Abschreibephase präsent sein.

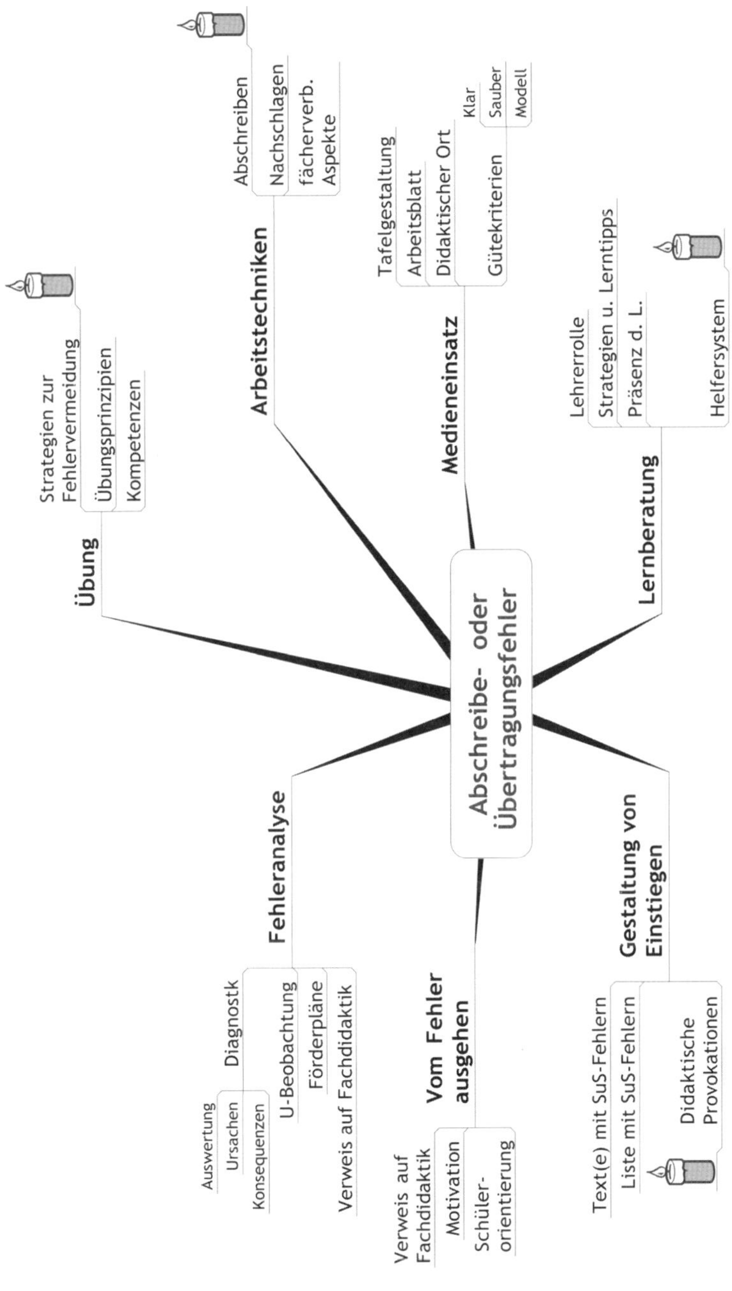
Abschreibe- oder Übertragungsfehler
Übung
Strategien zur Fehlervermeidung
Übungsprinzipien
Kompetenzen
Arbeitstechniken
Abschreiben
Nachschlagen
fächerverb. Aspekte
Medieneinsatz
Tafelgestaltung
Arbeitsblatt
Didaktischer Ort
Gütekriterien
Klar
Sauber
Modell
Lernberatung
Lehrerrolle
Strategien u. Lerntipps
Präsenz d. L.
Helfersystem
Gestaltung von Einstiegen
Text(e) mit SuS-Fehlern
Liste mit SuS-Fehlern
Didaktische Provokationen
Vom Fehler ausgehen
Verweis auf Fachdidaktik
Motivation
Schüler-orientierung
Fehleranalyse
Diagnostk
Auswertung
Ursachen
Konsequenzen
U-Beobachtung
Förderpläne
Verweis auf Fachdidaktik

Abb. 28

PP 2

Ein Referendar unterrichtet eine sechste Klasse, die gut mitzieht.

Die Unterrichtsstunde beginnt mit einer Problematisierung und die SuS machen sich motiviert auf die Suche selbstständiger Lösungswege.

In der anschließenden Übungsphase mit Aufgaben aus dem Schülerbuch kommt zunehmende Unruhe auf. Am Ende zerfleddert das Ganze, manche sind schon fertig, andere SuS haben gerade erst eine Aufgabe erledigt und alle gemeinsam freuen sich auf den Gong.

PP 3

Ein Junge kommt von der Schule nach Hause und sein Vater fragt: „Was habt ihr heute in Physik gelernt?" „Das kann ich dir nicht sagen, es war halt wie immer. Der hat da vorne was vorgemacht und wir mussten anschließend ein Arbeitsblatt ausfüllen. Da haben wir alle bei Tobias abgeschrieben," antwortet der Filius.

PP 4

Eine Berufseinsteigerin macht mit den 25 SuS ihrer sechsten Klasse im Rahmen der Unterrichtseinheit „Lernen des Lernens" einen Lerntypentest. Neben einigen Mischtypen gibt es fünf ausgeprägte auditive Typen und zwölf stark visuelle Lerntypen. Bei aller Unsicherheit dieser Bestimmung will sie das Testergebnis in ihrer künftigen Unterrichtsplanung ernst nehmen.

PP 5

Eine Referendarin erarbeitet mit ihrer Klasse einen Sachtext in Gruppen mit je vier SuS. Der Text ist in vier Teile (A, B, C und D) gegliedert und jeder SoS erliest nur einen Teil. Danach stellt in jeder Gruppe jeder SoS seinen Teil vor, die andern stellen dazu Fragen und diskutieren zum Schluss den gesamten Text.

In der Folgestunde bei der gemeinsamen Besprechung in der Klasse bemerkt die Referendarin erstaunt und angenehm überrascht, dass alle SuS auffallend viele Details des Textes erinnern können.

PP 6

Der Ausbilder hat sich zum Beratungsbesuch ankündigt und betritt nach der Lektüre der Unterrichtsvorbereitungen kurz vor Stundenbeginn das Klassenzimmer. Die SuS sind noch in Gespräche vertieft, die Referendarin mittendrin. Der Raum ist einladend gestaltet, mit Blumen auf dem Pult und Frühjahrsdeko an der Fensterfront.

Nach einer herzlichen Begrüßung freuen sich alle, dass es endlich los geht. Die junge Kollegin greift zur Gitarre und die SuS singen ihr Lied, das sie mit einstudierten Bewegungen untermalen.

Danach steigt sie mit einem Dall-Klick-Poster ins Thema ein.und über die Erarbeitung, Übung und Anwendung gelangt der Prozess zum ritualisierten Schluss.

In dem Kreisgespräch am Ende sind die SuS immer noch aufmerksam bei der Sache und können deutlich sagen, was sie hinzugelernt haben.

PP 7

Ein Referendar erklärt seiner Klasse in einer Unterrichtsstunde zwei Begriffe, die sich zum Verwechseln ähnlich sind. Dazu führen die SuS anschließend mehrere operatorische Übungen aus. Zusätzlich gibt es noch weitere Übungsmöglichkeiten als Hausaufgaben. Acht Tage später bringen bei einem Test dennoch etliche SuS die beiden Begriffe durcheinander.

PP 8

Der Mentor nimmt beobachtend am Deutschunterricht einer Klasse teil. Der junge Kollege erarbeitet in dieser Stunde Unterscheidungsmerkmale von Mundart und Hochsprache. Er tut dies über weite Strecken in der Form des gelenkten Unterrichtsgesprächs und erarbeitet dabei einen umfangreichen Tafelanschrieb, den die Schüler anschließend ins Heft übernehmen.

In der folgenden Unterrichtsbesprechung zweifelt der Mentor den Lernerfolg an und kritisiert den Referendar mit den Worten: „Ihre mündlichen Lehrerbeiträge haben die Schüler regelrecht erschlagen."

Tipp:

Aus der Kreativitätsforschung stammt die Methode 6-3-5, d. h. sechs Teilnehmer finden in drei Minuten fünf Lösungen. Es handelt sich um ein strenges Brainstorming, bei dem zunächst nicht diskutiert sondern nur assoziiert wird. Erst nach der Sammelphase kommuniziert und verständigt sich die Gruppe auf die besten fünf Lösungsmöglichkeiten.

Wir wandeln diese Methode für unsere Zwecke ab.

➢ Aufgabe: 6-3-5-Mind-Maps
Nach der Lektüre des Praxisproblems erstellen Sie eine Mind Map. Sie finden sechs Hauptäste und hängen daran drei Unterzweige und an diese wiederum fünf weitere Zweige.

➢ Es ist wichtig sich dazu zu zwingen, auch wenn die Beschriftung dieser Mind Map mit insgesamt neunzig Zweigen anfangs vielleicht etwas schwer fällt.

➢ Wenn Sie bei der Erstellung dieser 6-3-5-Mind-Maps bei der Beschriftung der Zweige ins Stocken geraten, zögern Sie nicht und malen derweil Zweige oder Illustrationen der Map. So kommen Sie wieder ins Schreiben.

Viel Spaß dabei!

PP 9

Eine Berufseinsteigerin übernimmt den Fremdsprachenunterricht im fünften Schuljahr. Nach einiger Zeit registriert sie signifikante Unterschiede zwischen den Leistungen der Buben und der Mädchen ihrer Klasse ... Sie stellt Überlegungen an, wie sie im Unterricht dieser besonderen Problematik gerecht werden kann.

PP 10

Eine Referendarin unterrichtet das Fach Deutsch in einem fünften Schuljahr mit 27 SuS, die zu einem großen Teil einen Migrationshintergrund haben. Außerdem sind in dieser Klasse drei Wiederholer und vier ADHS-Kinder. Sie möchte einen Text erarbeiten und sucht nach Möglichkeiten und Lernhilfen, die allen Schülern einen erfolgreichen Lernprozess ermöglichen ...

Gleichzeitig will sie dabei die Randbeschäftigungen und Unkonzentriertheiten einiger Kinder weitestgehend zu vermeiden helfen.

Lösungsmatrix mit den wichtigsten Theorieaspekten zu den vorhergehenden Praxisproblemen

Theorieaspekte	Praxisproblem PP Nr.									
	1	2	3	4	5	6	7	8	9	10
Arbeitstechniken u. Lerngewohnheiten	X		X	X						
Didaktische Prinzipien z.B. vom Fehler ausgehen	X			X						
Differenzierung		X		X						
Gestaltung von U-Einstiegen	X	X								
Lehrerverhalten u. did.-meth. Konzept	X	X	X	X						
Lernatmosphäre u.Lernumgebung										
Lernberatung	X			X						
Lernzuwachs		X	X							
Medieneinsatz	X	X	X							
Schülerverhalten			X							
selbstständiges Lernen u. Lerntypen		X		X						
U-Beobachtung, Diagnostik u. Fehleranalyse	X			X						
Übung	X	X	X							
Umgang mit Störungen, z.B. Unruhe		X								
Zusammenarbeit zwischen Schule u. Elternhaus		X	X							

Abb. 29

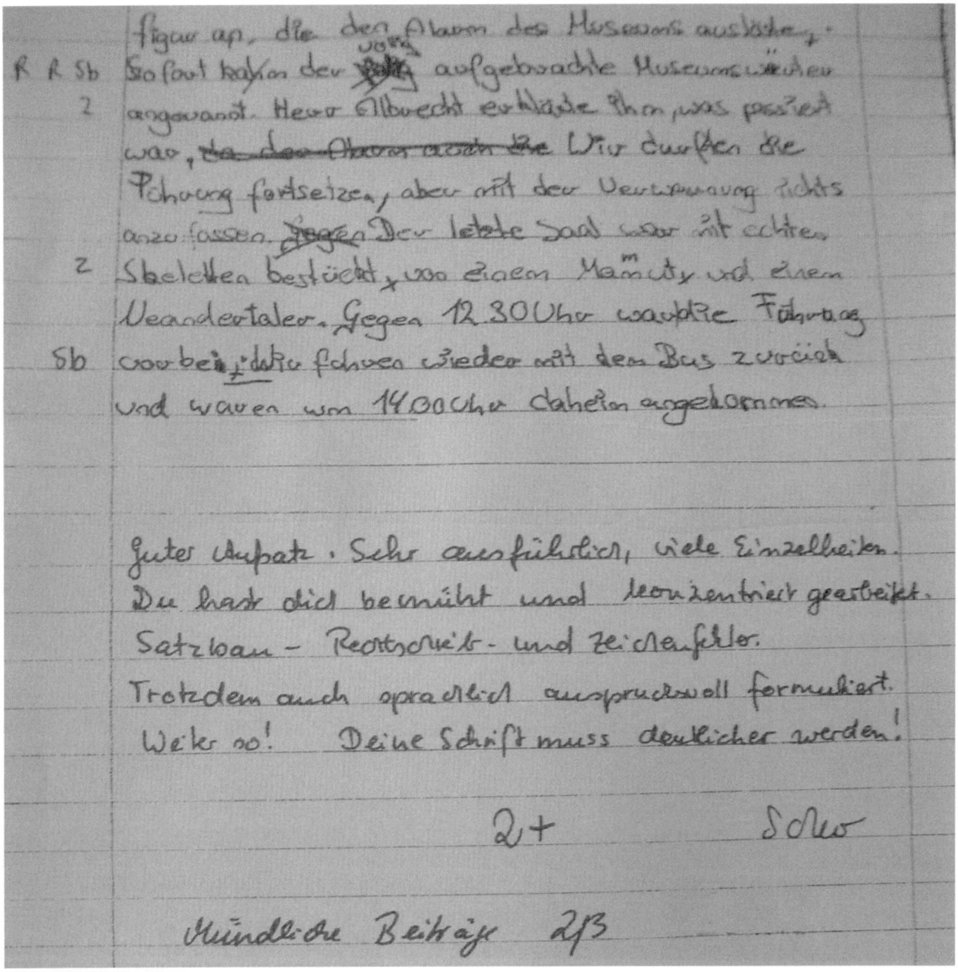
figur an, die den Alarm des Museums auslöste.
R R Sb Sofort kam der ~~[illegible]~~ vom aufgebrachte Museumswärter
2 angerannt. Herr Albrecht erklärte ihm, was passiert
war, ~~da der Alarm auch die~~ Wir durften die
Führung fortsetzen, aber mit der Verwarnung nichts
anzufassen. ~~Gegen~~ Der letzte Saal war mit echten
2 Skeletten bestückt, von einem Mamut und einem
Neandertaler. Gegen 12.30 Uhr war die Führung
Sb vorbei, dann fuhren wieder mit dem Bus zurück
und waren um 14.00 Uhr daheim angekommen.

Guter Aufsatz. Sehr ausführlich, viele Einzelheiten.
Du hast dich bemüht und konzentriert gearbeitet.
Satzbau- Rechtschreib- und Zeichenfehler.
Trotzdem auch sprachlich anspruchsvoll formuliert.
Weiter so! Deine Schrift muss deutlicher werden!

2+ Schw

Mündliche Beiträge 2/3

2.4.10 zu Leistungsmessung und Notengebung

➢ Sie können sich zunächst mit der folgenden Mind Map im Themenfeld orientieren.

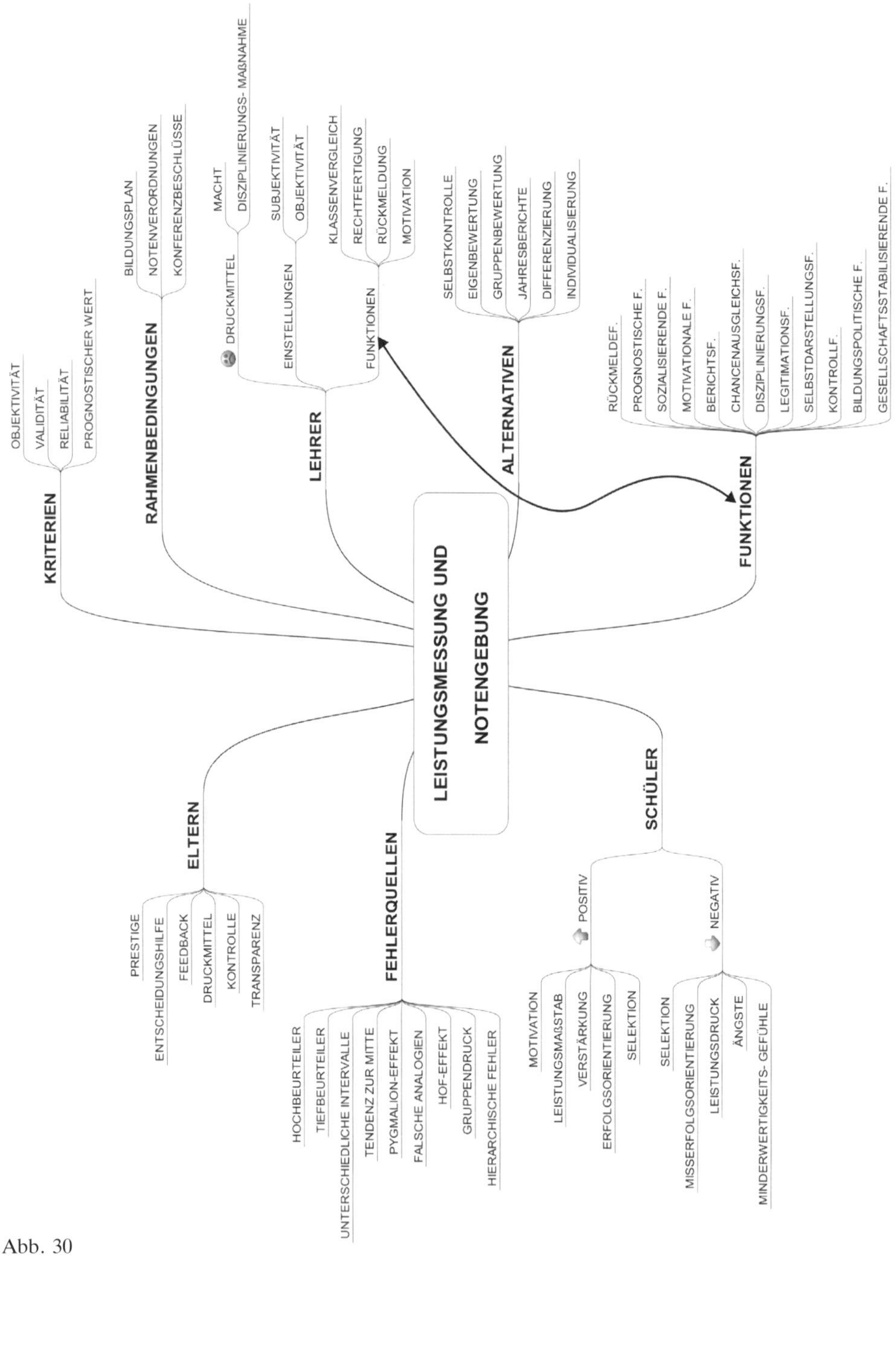

Abb. 30

➢ Unterstreichen Sie im Text die Signalwörter oder Signalwortgruppen.

➢ Formulieren Sie die Kernfrage(n) der Praxisprobleme.

➢ Versuchen Sie die Praxisprobleme gegebenenfalls zu visualisieren.

➢ Notieren Sie die sechs bis acht wichtigsten Aspekte der Grobanalyse.

PP 1

Eine Berufseinsteigerin an einer Grundschule unterrichtet MNK in einer 3. Klasse. Sie sitzt während einer Hohlstunde im Lehrerzimmer und korrigiert gerade einen Test (Verkehrszeichen; Benjamin hat alles richtig!) – Da kommt ihre Kollegin (Klassenlehrerin der 3. Kl., erfahrene Lehrerin, unterrichtet zwar lehrerzentriert, aber sehr engagiert und gründlich) hereingestürmt, knallt einen Stoß Hefte auf den Tisch und stöhnt – den Tränen nahe: „Stell dir vor, jetzt pauke ich mit denen schon drei Wochen die S-Laute! Und jetzt: ein Schnitt von 4,0! Drei 6er, vier 5er! . . . Von der Claudia und vom Benjamin war das ja zu erwarten, aber die anderen!? . . . Ich weiß nicht, was ich da noch machen soll, ich bin fix und fertig. Und das Größte ist, die haben bei den Hausaufgaben alle fast keine Fehler gemacht!“'

PP 2

Eine 14-jährige Schülerin steht im Fach Mathematik, was die schriftlichen und mündlichen Leistungen betrifft, genau auf 3,42. Da sich die Schülerin aber so gut wie nie beteiligt, erhält Sie im Hinblick auf die mangelnde mündliche Beteiligung die „pädagogische Note“ 'ausreichend'!

Die Referendarin lässt die Zeugnisse wieder einsammeln und stellt dabei fest, dass bei dieser Schülerin die Unterschrift der Eltern im Zeugnis fehlt. Sie fragt nach dem Grund und erhält die Antwort: „Mein Vater unterschreibt das Zeugnis nicht, weil Sie mir eine vier in Mathe gegeben haben.“

PP 3

Ein Referendar bereitet die Noten seiner 8. Klasse für das Halbjahreszeugnis vor. Er geht von der Überlegung aus, dass schriftliche und mündliche Arbeiten sowie die Heftführung gleichrangige Leistungen bei der Gewichtung der Notenberechnung in Deutsch seien. Zwei Schülerinnen der Klasse beschweren sich bei der Notenbekanntgabe, dass dies nicht gerecht sei. Außerdem beschwert sich eine Schülerin über ihre Note, weil sie eine 3,33 errechnet habe aber im Halbjahreszeugnis eine 3/4 eingetragen bekam. Andere Schüler äußern sich leicht aggressiv über die mündlichen Noten.

➢ Nach PP 4 können Sie Ihre Grobanalysen 1–4 mit den Einträgen in der Matrix S. 86 vergleichen. Ihr Ergebnis muss nicht identisch sein! Sie sollten aber zu jedem PP mindestens vier Aspekte Ihrer Grobanalyse wiederfinden.

PP 4

Eine Referendarin ist Fachlehrerin einer 3. Klasse und unterrichtet die mus.-ästh. Fächer. In Ihrer Elternsprechstunde erscheint eine Mutter, die mit dem Unterricht der FL in Musik, BK und TW nicht einverstanden ist. Sie bringt zahlreiche Argumente vor: im Unterricht sei es viel zu laut, die Kinder würden die Arbeitsanweisungen nicht verstehen, und dann diese komischen „Stilleübungen", sie solle lieber richtig mit den Kindern üben, und jetzt habe ihr Sohn auch noch eine 4,5 in Musik in der Halbjahresinformation! Die Argumentation endet mit der Aufforderung, dass sie den Schülern endlich das Lernen beibringen solle. Die FL verabschiedet sich von der Mutter mit dem Hinweis, dass in 14 Tagen eine Klassenpflegschaftssitzung angesetzt sei.

Tipp:

Wenn Ihnen bei der Suche nach Problemlösungen der Kopf wie vernagelt erscheint oder Sie den Wald vor lauter Bäumen nicht mehr sehen, dann versuchen Sie es doch ganz einfach mit einer Kreativübung.

➢ Kreativaufgaben

➢ Wörter finden

Bilden Sie aus einem zusammengesetzten Nomen möglichst viele neue Wörter. Es dürfen nur die vorgegebenen Buchstaben verwendet werden!
Zeitrahmen: 3 Minuten
Wortbeispiele: BLUTKREISLAUF – BAUERNHOF – ALPENVORLAND
Aus BAUERNHOF wird dann: Hof, Harn, Ofen usw.

➢ Spielschaum

Sie erfinden neue, ausgefallene Wortkombinationen (z. B. Spielschaum). Diese zusammengesetzten Nomen schreiben sie auf kleine Kärtchen. Die Wortkärtchen werden gemischt. Anschließend ziehen Sie sich ein Kärtchen und beschreiben den Gegenstand.
Zeitrahmen: etwa 10 Minuten
Beispiel: Spielschaum – Ein Spray als Indikator für die Spielqualität
Es wird auf das Spiel gesprüht und gute Spiele beginnen zu duften, schlechte Spiele beginnen zu stinken.

➢ Alles Zufall

Bei diesem Spiel werden Wortreihen (drei Adjektive) nach dem Zufallsprinzip nebeneinander gestellt und in beliebiger Anzahl kombiniert.

lang	grün	zerlegbar		
kurz	blau	drehbar	...	usw.

Hier ist ein Ding gesucht, das z. B. lang, grün und zerlegbar ist.
Zeitrahmen: 10 Minuten
Beispiel: Was ist blau, rund und schwer? --- die Erde

Viel Spaß dabei!

PP 5

Eine Junglehrerin korrigiert die Hefte ihrer 6. Klasse. „Natürlich, wie soll 's denn auch anders sein," schimpft sie bei einigen Diktaten, die mit Rot übersät sind. „Was glauben die eigentlich? Jetzt haben wir drei Stunden auf dieses Diktat hin geübt, ein Übungsdiktat dazu geschrieben und jetzt wieder so was!" Wütend setzt sie den Stapel Hefte auf den Schreibtisch. „Die sollen was erleben!"

Dann entwirft sie die Notenskala ...

PP 6

Ein Junglehrer unterrichtet an einer Grundschule mit einem Kollegium, das gemeinsam alt wurde. Beim Pädagogischen Tag widmete man sich dem Thema: „Die neuen Methoden der Leistungsbeurteilung." Der Kollege hat sich daraus einiges vorgenommen und will auch gleich mit der Veränderung seiner Leistungsmessung beginnen ... Er weiß allerdings, dass bisher alle Veränderungsbestrebungen an seiner Schule im Sande verliefen ...

PP 7

Am Tag der Halbjahresinformation kommt der Schüler John aufgebracht nach Hause und beschwert sich über seine Englischlehrerin, die ihm eine 3 gegeben hat, trotz einem Schnitt von 2,2 in den Arbeiten.

Er weiß, schriftl./mündl. zählt bei ihr 50/50, aber er kann sich an keine schlechte mündliche Benotung erinnern.

PP 8

Julian war in Kl. 4 durch wiederkehrende Infekte häufiger krank und so kam es, dass er in BK ein Bild begonnen aber eben erst sehr verspätet abgeben konnte. Die Referendarin nahm sein Werk entgegen und gab ihm eine 6 mit dem Hinweis, er habe es erst vier Tage nach dem allerletzten Abgabetermin vorgelegt. Enttäuscht und wütend hat er davon zu Hause berichtet.

PP 9

Vor der ersten Klassenarbeit in der 12. Klasse, Deutsch, warnt die Lehrerin: „Vor der ersten Klausur müsst ihr noch keine Angst haben, aber bei der letzten Klausur vor dem Abitur könnte es gut sein, dass ich euch in die Pfanne hauen werde!“.

PP 10

Nach zwei Misserfolgen im Aufsatzschreiben hat sich Anna intensiv auf das Thema der Klassenarbeit vorbereitet. Nach der Arbeit hatte sie ein gutes Gefühl und auch inhaltlich sowie sprachlich hatte sie sich sicher gefühlt. Bei der Rückgabe der Arbeit ist sie enttäuscht, wieder nur eine 3. Im Vergleich zu ihren Klassenkameraden stellt sie fest, dass die üblichen „1-er Schüler“ trotz schlechterem Inhalt wieder einmal besser waren als sie selbst und ist frustriert.

Lösungsmatrix mit den wichtigsten Theorieaspekten zu den vorhergehenden Praxisproblemen

Theorieaspekte	**Praxisproblem PP Nr.**									
	1	2	3	4	5	6	7	8	9	10
Bewertung von mündlichen Leistungen		X								
Elterngespräche				X						
Erziehungs- u. Unterrichtsstile	X									
Etikettierung	X									
Funktion der Halbjahresinformation			X	X						
Gestaltung von Klassen-arbeiten	X									
Gewichtung von Leistungen			X							
Kommunikation	X	X	X	X						
Lehrerpersönlichkeit	X	X	X							
Motivation		X								
Schülerverhalten		X	X							
Umgang mit Kritik		X	X	X						
Umgang mit Noten	X	X		X						
Unterrichtsgestaltung				X						
Zusammenarbeit zwischen Schule u. Elternhaus		X		X						

Abb. 31

2.4.11 zu Mobbing und Gewalt

➢ Sie können sich zunächst mit der folgenden Mind Map im Themenfeld orientieren.

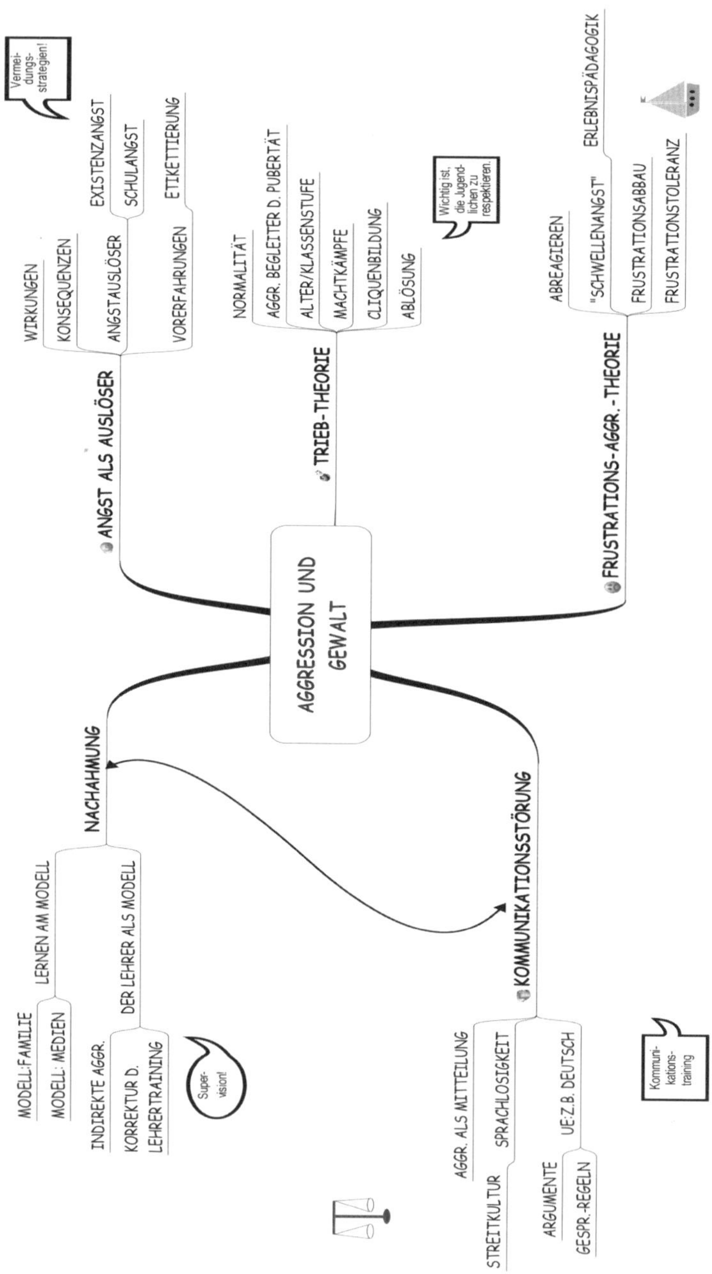

Abb. 32

- Unterstreichen Sie in den Texten die Signalwörter oder Signalwortgruppen.
- Formulieren Sie die Kernfrage(n) der Praxisprobleme.
- Versuchen Sie die Praxisprobleme gegebenenfalls zu visualisieren.
- Notieren Sie die sechs bis acht wichtigsten Aspekte der Grobanalyse.

PP 1

Eine Referendarin beginnt ihren Vorbereitungsdienst an einem großen Schulzentrum. Nach wenigen Wochen merkt sie, wenn sie kommt wird getuschelt, niemand grüßt sie, Hospitationsgelegenheiten muss sie sich erbetteln, Informationen erreichen sie nicht und vom Termin des Lehrerstammtischs erfährt sie auch nur ganz zufällig. Nach einem Vierteljahr muss sie sich im Gespräch mit der Mentorin vorwerfen lassen, sie ginge nicht auf Leute zu, sei verschlossen und überhaupt sei ihre Referendarskollegin an dieser Schule schon viel weiter und sehr viel engagierter.

PP 2

In der 6. Klasse gibt es größenmäßig Entwicklungsunterschiede. Franziska ist sehr klein und wird von Raymond mit Schimpfwörtern wie „Zecke“ oder „Zwerg“ gemobbt. Er verwendet diese Namen jedoch nur, wenn kein Lehrer in der Nähe ist, sodass Franziska selbst zum Lehrer gehen müsste, um sich zu beschweren. Sie hat jedoch Angst sich dann auch noch als „Petze“ oder „Verräterin“ beschimpfen lassen zu müssen.

Tipp!

Das „ABC der mobbingfreien Schule“ und „das Mobbing-Interventionsprogramm“ finden Sie bei Manfred Bönsch: Beziehungslernen. Hohengehren 2002, S. 250ff.

PP 3

In einer Schule gibt es eine Gruppe Jugendlicher, die aus sieben 15-jährigen, stark gebauten Jungen besteht. Sie bedrängen in den Pausen und auf dem Schulweg jüngere Schüler und drohen grundlos Schläge an.

PP 4

Eine Berufseinsteigerin wird einer Schule zugewiesen und erhält dort die lauteste Klasse mit den meisten Wiederholern. Sie muss im kleinsten Klassenzimmer mit altem Mobiliar, ohne Regale und wenig Pinnflächen unterrichten. Es ist im ganzen Schulgebäude das letzte noch unrenovierte Zimmer.

Obendrein hat sie in ihrem Stundenplan die meisten Hohlstunden und ist sehr oft zur Pausenaufsicht eingeteilt.

PP 5

Luisa ist recht pummelig. Eltern und Ärzte wissen nicht genau, worauf dies zurückzuführen ist. Luisa isst nicht übermäßig viel und die Störung einer Drüsenfunktion ließ sich nicht feststellen. Die Lehrerin merkt, dass Luisa keinen rechten Anschluss in der Klasse findet; wenn z. B. bei einem Spiel mehrere Mannschaften gewählt werden, dann will keine Mannschaft Luisa haben. Auch in den Pausen bleibt sie meist allein und im Unterricht möchte niemand so recht mit ihr zusammenarbeiten. Als die Lehrerin nach der Pause das Klassenzimmer betritt, weint Luisa. Die Mitschüler schweigen und machen etwas betretene Gesichter. Nach anfänglichem Zögern sagt Luisa schließlich: »Der Klaus hat gesagt, ich sei so dick wie eine Tonne und dann haben alle immer gerufen 'Tonne, Tonne, Tonne' und ich kann doch gar nichts dafür, dass ich so dick bin!«

PP 6

Ein Berufseinsteiger muss wegen der Versetzung eines Kollegen drei Monate nach Schuljahresanfang eine dritte Klasse mit Deutsch und Mathematik übernehmen. Im Rahmen eines Vereinsjubiläums beteiligt sich die Schule an einem Festumzug. Alle Vorbereitungen im Unterricht sind dafür bereits getroffen und der junge Kollege muss seine neue Klasse bei dem Umzug durch die Straßen des Ortes nur noch begleiten. Da fangen seine SuS auf halber Strecke plötzlich an zu skandieren: „Wir wollen unsern Lehrer Burgstein wieder haben!" Das geht minutenlang, die SuS sind nicht zu bremsen und ein Ausscheren aus dem Zug ist nicht möglich. Im weiteren Verlauf des Festumzugs wiederholt sich das noch zwei Mal.

PP 7

Eine Berufseinsteigerin unterrichtet als KL eine achte Klasse mit hohem Ausländeranteil und in einer beständig disziplinkritischen Situation. Das Unterrichten in der Klasse fällt sehr schwer, weil die SuS große Lern- und Motivationsprobleme haben.

Eines Tages macht ein Schüler im Unterricht ein Handy-Video, während Mitschüler durch einen „Budenzauber" die Lehrerin ablenken. Anschließend stellen die SuS das Video – in dem die machtlose Lehrerin in Aktion gezeigt wird – ins Internet, was sich wie ein Lauffeuer herumspricht.

PP 8

Ein junger Lehrer wird von seinen Kollegen geschnitten, weil er sich auf der letzten Gesamtlehrerkonferenz für mehr Führung und Kontrolle durch den Schulleiter ausgesprochen hat, um mehr Anregungen und konstruktive Kritik zu erhalten, sowie die Kommunikation unter den Lehrern zu verbessern.

PP 9

Ein 16-jähriger Schüler erzeugt Angst, indem er Schläge androht, sich anderen bedrohlich in den Weg stellt, Mitschülerinnen sowie die Lehrerin übel beschimpft und auch äußerlich furchterregend aussieht.

In der Klasse gibt es keinen Gegenpol, alle lassen ihn gewähren und trauen sich nicht dagegen anzugehen. Die klein gewachsene, zierliche Lehrerin hat bisher noch nicht wirklich etwas dagegen unternommen.

PP 10

Im 3. Jahr in der Berufsschule zieht der Lehrer mit Sprüchen wie „Ein totes Wildschwein ist kreativer als du", „Ich bau dir gleich ein Licht ans Fahrrad, dann geht wenigstens da eins auf" oder „Du bist so blöd, du kannst gleich wieder gehen" über Schüler her, die eine falsche Antwort geben.

➢ Für die Konstruktion Ihrer Handlungsstrategien erhalten Sie an dieser Stelle noch etwas Map-Unterstützung, dafür ist die folgende Matrix ohne Einträge.

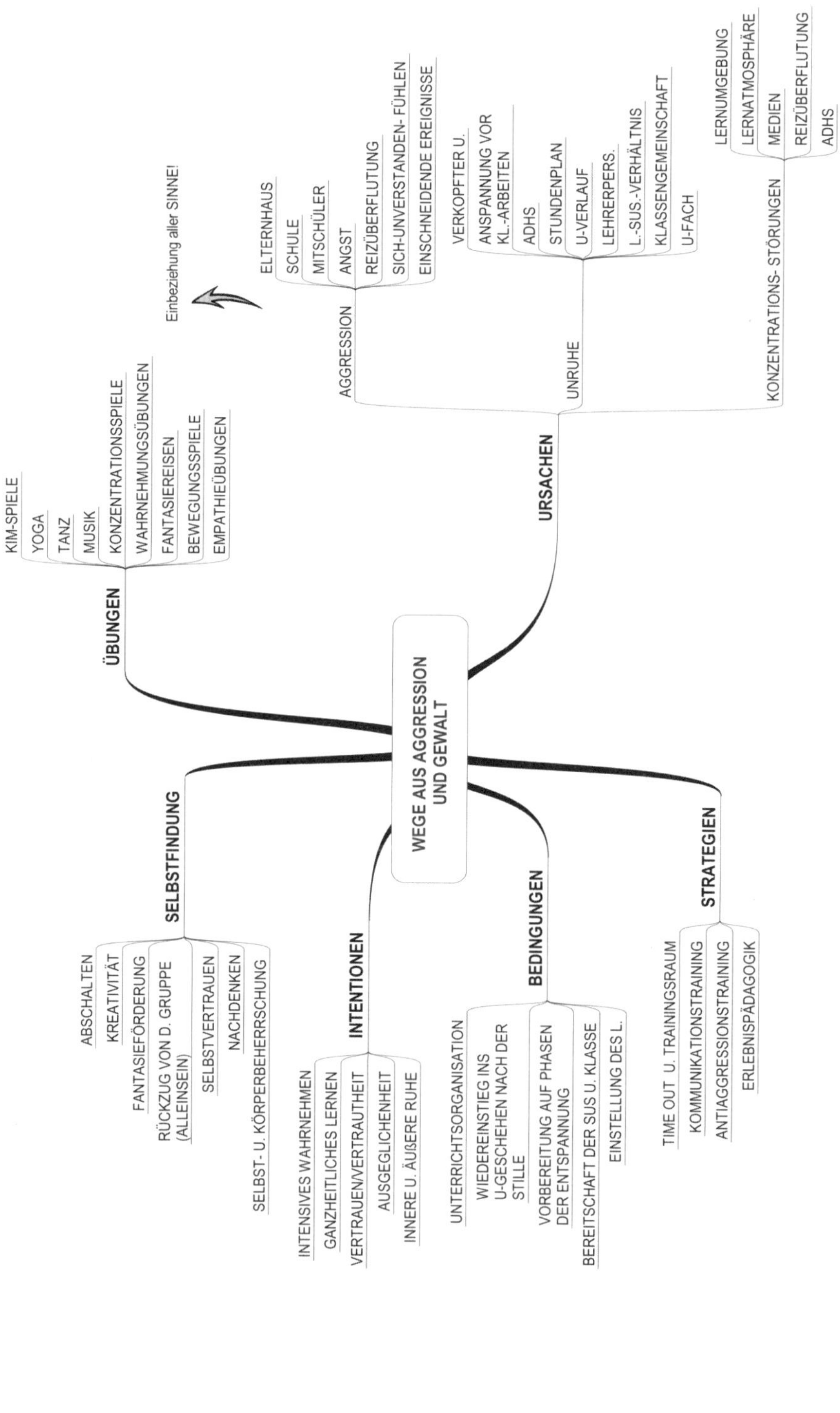

Lösungsmatrix mit den wichtigsten Theorieaspekten zu den vorhergehenden Praxisproblemen

Theorieaspekte	Praxisproblem PP Nr.									
	1	2	3	4	5	6	7	8	9	10

Abb. 34

Tipp:

Es liegen nun weitere fünfzig Praxisprobleme hinter uns.

Deshalb wäre hier ein schöner Moment nochmals innezuhalten. Von Hilbert Meyer kennen wir die Sortieraufgabe, mit der Sie an dieser Stelle experimentieren könnten. Beim Sortieren geht es darum, Ordnung in Begriffsfelder zu bringen, Zusammenhänge zu erinnern oder herzustellen und eine neue, eigene Systematik zu entwickeln. Durch dieses nochmalige Durchdenken aller Faktoren und Begriffe entsteht dann im Idealfall Nachhaltigkeit beim Lernen, das lange erinnert wird.

➢ Sortieraufgabe

Schneiden Sie sich aus Din A4- Kartonbögen Kärtchen mit der Größe 10,5 × 2,5 cm. Beschriften Sie diese Kärtchen mit allen Begriffen oder Aspekten der Grobanalysen von Kapitel 2.4.7 bis 2.4.11 und dann geht's los!

Suchen Sie sich eine große Fläche, breiten Sie die Kärtchen darauf aus und versuchen Sie durch Hin- und Herrücken eine Ordnung, ein System zu erzeugen. Das ist in der Regel ein spannender Prozess, dessen Ergebnis nicht vorhersehbar ist.

Danach können Sie Ihre Kärtchenstruktur auf ein Plakat übertragen, damit Ihnen Ihre Konstruktion nicht verloren geht.

Das Plakat kann durch Illustrationen natürlich noch weiter ausgebaut werden!

Viel Spaß dabei!

2.4.12 zu Motivation

➢ Sie können sich zunächst mit der folgenden Mind Map im Themenfeld orientieren.

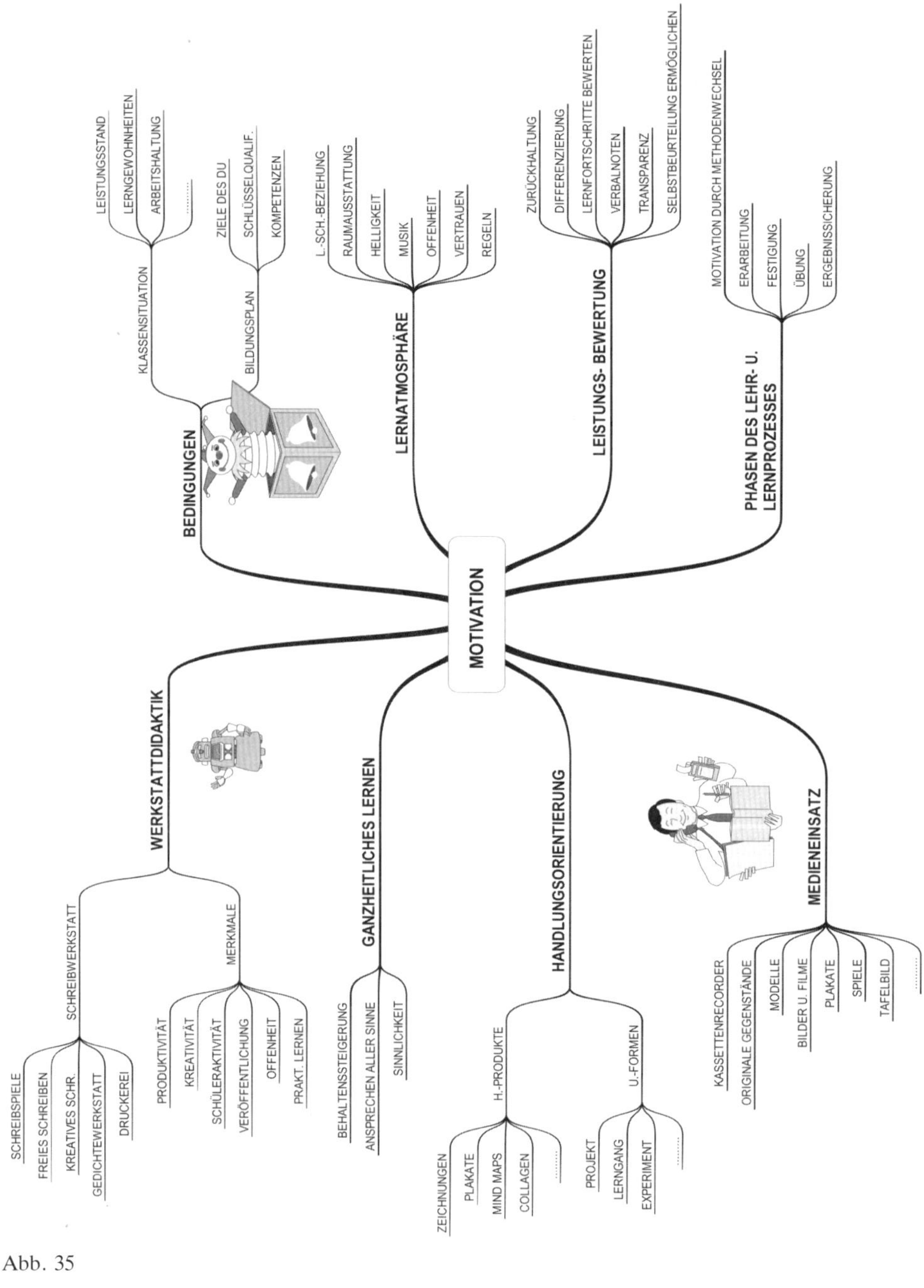

Abb. 35

➢ Unterstreichen Sie in den PP's die Signalwörter oder Signalwortgruppen.
➢ Formulieren Sie die Kernfrage(n) der Praxisprobleme.
➢ Versuchen Sie unbedingt die Praxisprobleme zu visualisieren.
➢ Notieren Sie die sechs bis acht wichtigsten Aspekte der Grobanalyse.

PP 1

Eine Lehrerin ist verzweifelt. Die Siebtklässler, die sie erst seit kurzem im Fach Deutsch unterrichtet, erlebt sie überwiegend desinteressiert und lustlos. Die Erarbeitungsphasen sind zäh, sie muss den Schülern die Antworten förmlich aus der Nase ziehen. „Gebe ich ihnen ein Arbeitsblatt, fangen sie an zu motzen!", klagt sie. Auch die Androhung schlechter Mitarbeitsnoten und Hinweise auf die nächste Klassenarbeit bringen nicht den erwünschten Erfolg. Der Klassenlehrer weiß – darauf angesprochen – ganz anderes zu berichten: „In meinem Unterricht arbeitet die Klasse aber gut mit." Eine Schülerin äußert ihrer Mutter gegenüber: „Ich weiß auch nicht, aber bei Frau Mayer ist es immer so langweilig."

Dazu zeigen wir Ihnen rechts **eine Visualisierung des PP**. Diese Darstellung kann eine entscheidende Hilfe sein auf dem Weg der Analyse und des Findens von Lösungsmöglichkeiten.

Die Kernfrage heißt: Woran liegt es, dass die Klasse zwei Gesichter zeigt?

Tipp:

Der Schlüssel zur Lösung vieler PP's liegt in den Beziehungen zwischen den Akteuren.

So muss im PP 1 über die Beziehung zwischen FL und KL und deren Beziehungen zur Klasse nachgedacht werden. Dabei klären sich die wichtigsten Faktoren der Grobanalyse und die möglichen Elemente einer Handlungsstrategie zur Lösung des Praxisproblems.

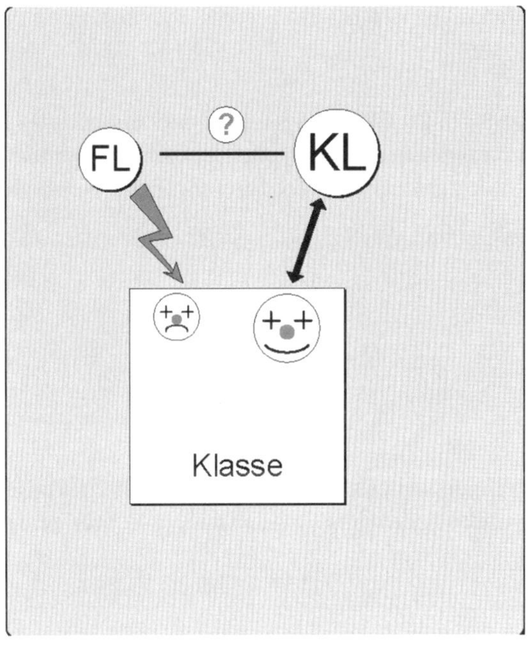

Abb. 36

Faktoren der Grobanalyse könnten sein:

- psychologische Gegebenheiten einer 7. Klasse
- ihr Arbeitsverhalten und Arbeitsbündnis mit dem L
- ihr L-SuS-Verhältnis und die Kommunikation
- die Lehrerpersönlichkeiten
- die Regeln und Rituale und
- die Gestaltung des Lehr- und Lernprozesses

PP 2

Eine Junglehrerin übernimmt am Schuljahresanfang in Blankenloch eine dritte Klasse, die in den ersten beiden Schuljahren einen Klassenlehrerwechsel verkraften musste. Nach den ersten Schulwochen erzählt die Lehrerin, beim Stuhlkreis heißt es „Äh, muss das sein?“ und beim Schreiben „Ich will nix schreiben!“ Einfache Tätigkeiten wie Klebearbeiten im Heft erledigen die Schüler schnell und schlampig nach dem Motto „Hauptsache fertig“. Das geht der Lehrerin total auf die Nerven und sie möchte diese Dinge beim ersten Elternabend ansprechen.

PP 3

Eine Lehrerin unterrichtet an einer Grundschule mit einem sehr problematischen Einzugsgebiet. Sie bemüht sich trotzdem um einen modernen Unterricht und erlebt dabei allerdings auch einige herbe Enttäuschungen ... Etliche Wiederholer belasten das Unterrichtsklima. Von den Eltern dieser Kinder bekommt die Lehrerin keinerlei Unterstützung.

➢ Nach PP 4 können Sie Ihre Grobanalysen 1–4 mit den Einträgen in der Matrix S. 101 vergleichen. Ihr Ergebnis muss nicht identisch sein! Sie sollten aber zu jedem PP mindestens vier Aspekte Ihrer Grobanalyse wiederfinden.

PP 4

Eine Lehrerin unterrichtet im 6. Schuljahr. In ihrer Klasse sitzt Claudia, eine gute Schülerin, die stets motiviert mitgearbeitet hat. Seit zwei Wochen bemerkt die Lehrerin allerdings einen Bruch:

Aufmerksamkeit und Mitarbeit lassen zu wünschen übrig, die Klassenarbeit fällt ungewohnt schlecht aus ... Auch andere Lehrer bemerken Claudias plötzliche Veränderung.

PP 5

Ein Lehrer unterrichtet als Klassenlehrer die Fächer Deutsch, Mathematik und Ev. Religion. Aufgrund seiner ehrenamtlichen Tätigkeit als Jugendleiter im örtlichen Sportverein hat Spielen in der Gruppe für ihn eine große Bedeutung. Er setzt im Unterricht immer wieder die verschiedensten Lernspiele ein. Die Schüler finden das ganz toll.

Von einigen älteren Kollegen wird er argwöhnisch beobachtet. Hinter vorgehaltener Hand wirft man ihm vor, dass er sich auf Kosten von intensiver Arbeit und unter Vernachlässigung des Bildungsplanes bei den Schülern einschmeichelt. Die Eltern seiner Schüler in dieser 6. Klasse sind über seine Intentionen informiert und stehen fast geschlossen hinter ihm.

PP 6

Ein Referendar unterrichtet Mathematik in Klasse zwei. Er lässt Schülerinnen und Schüler an der Tafel im frontalen Unterrichtsgeschehen Lösungen aufschreiben. Der Lehrer ruft hierzu einzelne Schüler der Reihe nach auf. Beim dritten oder vierten Schüler protestieren lautstark einige Mitschüler: „Der war schon einmal dran!"

Ein Schüler verweigert daraufhin die weitere Mitarbeit und alle Beschwichtigungsversuche des Lehrers schlagen fehl...

PP 7

Liljana ist hochbegabt und besucht die zweite Klasse der Grundschule. Sie kann bereits sehr gut lesen und führt sämtliche Rechenoperationen im Zahlenaum bis 1000 sicher aus. Häufig nimmt sie aber eher gelangweilt und unbeteiligt am Unterricht teil, weshalb ihre Lehrerin sie zum Halbjahr gerne ins dritte Schuljahr überstellen würde. Die Eltern des Mädchens möchten das allerdings nicht, weil das zierliche und infektanfällige Kind körperlich noch nicht so weit sei. Sie verlangen eine stärkere Förderung und Beachtung Liljanas Bedürfnisse im zweiten Halbjahr der Klasse zwei.

PP 8

Der 15-jährige Kai kommt aus einem sehr problematischen Elternhaus. Der Vater hat nach einer abgebrochenen Lehre im Zuge einer längeren Arbeitslosigkeit über die Arbeitsagentur eine Schulung zum Werkzeugmacher erfolgreich abgeschlossen. Seither arbeitet er sporadisch für Zeitarbeitsfirmen. Ansonsten lebt die Familie von staatlicher Unterstützung und Zugewinn von Kai's Mutter durch Putztätigkeiten.

Kai geht in die achte Klasse, ist total unmotiviert und zeigt keinerlei Leistungs- oder Anstrengungsbereitschaft.

PP 9

Beim Grundschulsportfest treten im Sprintfinale Mike, Ingo, Ruben und Julian gegeneinander an. Es kommt zu einem ganz spannenden Zieleinlauf und Mike gewinnt ganz knapp.

Der unterlegene Ingo tritt gegen eine Schubkarre, wirft seine Mütze weg und beginnt kräftig zu weinen. Versuche des Trostes oder der Beschwichtigung wehrt er massiv ab.

PP 10

Die Referendarin unterrichtet im dritten Schuljahr und kündigt ein Experiment an. Sie verwendet dafür einen Luftballon und eine 10 cm lange Stecknadel und verspricht, die Nadel in den prallen Luftballon zu stecken, ohne dass dieser platzt. Die SuS setzen sich im Kinositz und harren wahnsinnig gespannt der Dinge. Und tatsächlich: Die L bläst den Ballon voll auf, sticht gaaanz langsam hinein und die die Nadel bleibt zu aller Verwunderung im Ballon stecken.

Die SuS möchten das sofort ausprobieren, erhalten das Material und machen sich mit Feuereifer ans Werk ...

„Wer in Kindern und Jugendlichen Motivation wecken will, muss gelingende Beziehungen mit ihnen gestalten können."
(Joachim Bauer, in Lob der Schule)

Lösungsmatrix mit den wichtigsten Theorieaspekten zu den vorhergehenden Praxisproblemen

Theorieaspekte	Praxisproblem PP Nr.									
	1	2	3	4	5	6	7	8	9	10
7. Klasse u. Pubertät	X									
Arbeitsverhalten	X	X		X						
Arbeitsverweigerung		X								
Did.-meth. Konzept			X							
Elternarbeit		X	X	X						
Erarbeitung	X									
FL-KL-Lehrerpersönlichkeit	X	X	X							
Gestaltung des Schuljahres-anfangs		X								
Gestaltung des Unterrichts u. Medieneinsatz	X									
Kommunikation	X			X						
Lehrerwechsel		X								
Lernberatung				X						
L-SuS-Verhältnis u. Lernatmosphäre	X		X	X						
Umgang mit Stress			X							
Unterrichtsbeobachtung				X						
Unterrichtsformen, z.B. Gesprächskreis		X								
Wiederholerproblematik			X							

Abb. 37

Tipp:

Karl Odenbach hat mit seinen Übungsprinzipien die Übungspraxis revolutioniert und bis in die heutige Zeit beeinflusst. Von ihm wissen wir, dass Lernen in Zusammenhängen erfolgreicher ist. Deshalb ist es immer wieder sinnvoll diese Zusammenhänge zu suchen oder sie herzustellen.

➢ Vernetzungsaufgabe
Sie benötigen dazu Plakatpapier!

➢ Versuchen Sie einmal dem Themenfeld Motivation drei oder vier andere relevante Themenfelder, die Sie bereits bearbeitet haben, zuzuordnen.

➢ Stellen Sie ein Motivations-PP in den Mittelpunkt und umringen Sie es mit den Aspekten Ihrer Grobanalyse.

➢ Umringen Sie es weiterhin mit den Aspekten der drei bis vier weiteren Themenfelder. Wenn Sie dabei alle relevanten Mind Maps einbauen, wird ein großes Netz entstehen.

➢ Sorgen Sie mit farbigen Markierungen für Prägnanz in der großen Visualisierung!

Viel Spaß dabei!

Wenn Sie solche Vernetzungen herstellen und abspeichern, werden Sie bald darauf merken, wie Sie tagtäglich hinzu kommende Informationen wesentlich leichter einordnen können. Sie lernen und arbeiten dadurch deutlich effektiver.

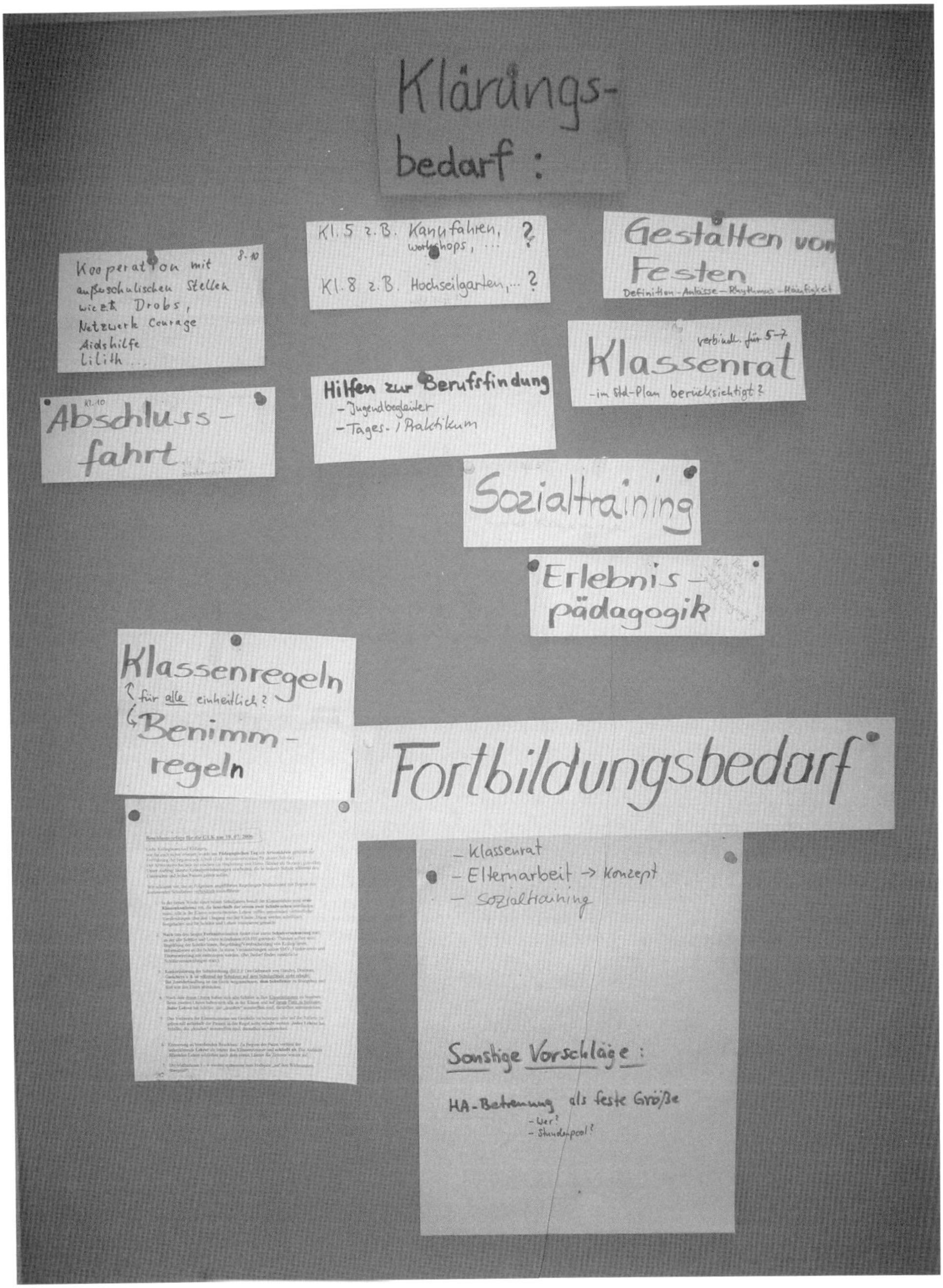
Klärungs-
bedarf:
Kooperation mit außerschulischen Stellen wie z.B. Drobs, Netzwerk Courage, Aidshilfe, Lilith ...
8.-10
Kl. 5 z.B. Kanufahren, Workshops, ... ?
Kl. 8 z.B. Hochseilgarten, ... ?
Gestalten von Festen
Definition – Anlässe – Rhythmus – Häufigkeit
verbindl. für 5-7
Klassenrat
– im Std-Plan berücksichtigt?
Kl. 10
Abschluss-
fahrt
Hilfen zur Berufsfindung
– Jugendbegleiter
– Tages- / Praktikum
Sozialtraining
Erlebnis-
pädagogik
Klassenregeln
für alle einheitlich?
Benimm-
regeln
Fortbildungsbedarf
– Klassenrat
– Elternarbeit → Konzept
– Sozialtraining
Sonstige Vorschläge:
HA-Betreuung als feste Größe
– Wer?
– Studentpool?

2.4.13 zur Schulentwicklung

Für dieses komplexe Themenfeld geben wir Ihnen gleich vier Mind Maps an die Hand. Wir beginnen mit einer Kriterienauswahl für Guten Unterricht, denn jede Schulentwicklung hat immer mit Unterrichtsentwicklung und -Qualität zu tun.

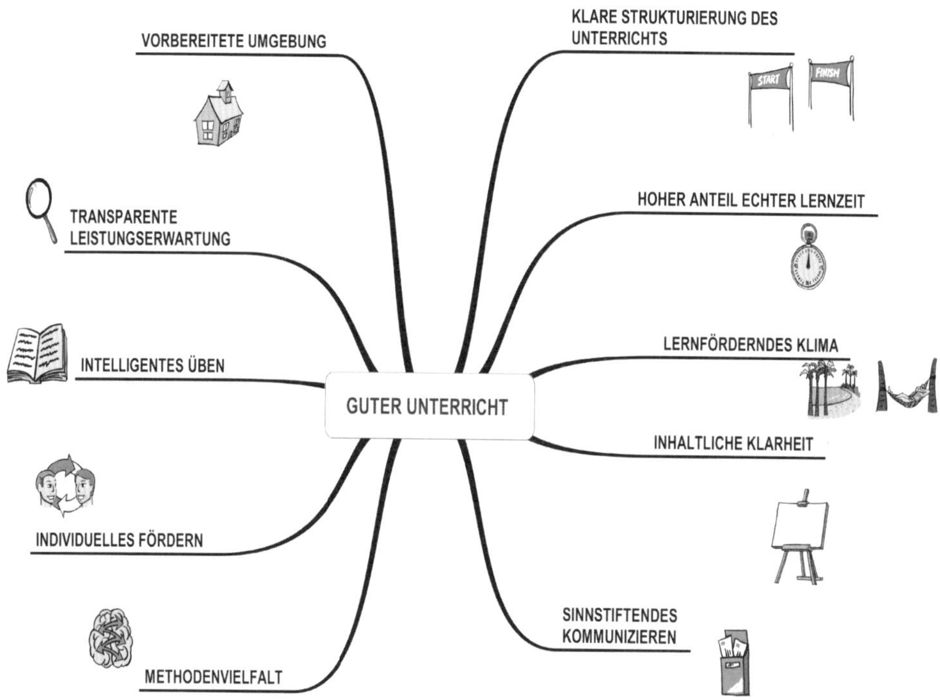

Abb. 38

Die Kriterien guten Unterrichts finden sich bei Hilbert Meyer, Thomas Unruh und Andreas Helmke fast gleichlautend.

Ob an einer Schule ein Veränderungs- und Entwicklungsprozess in Gang kommt hängt zumeist mit der Kommunikation des Kollegiums zusammen. Dabei kommt es entscheidend auf die Ausgestaltung der Beziehung zwischen den Akteuren an.

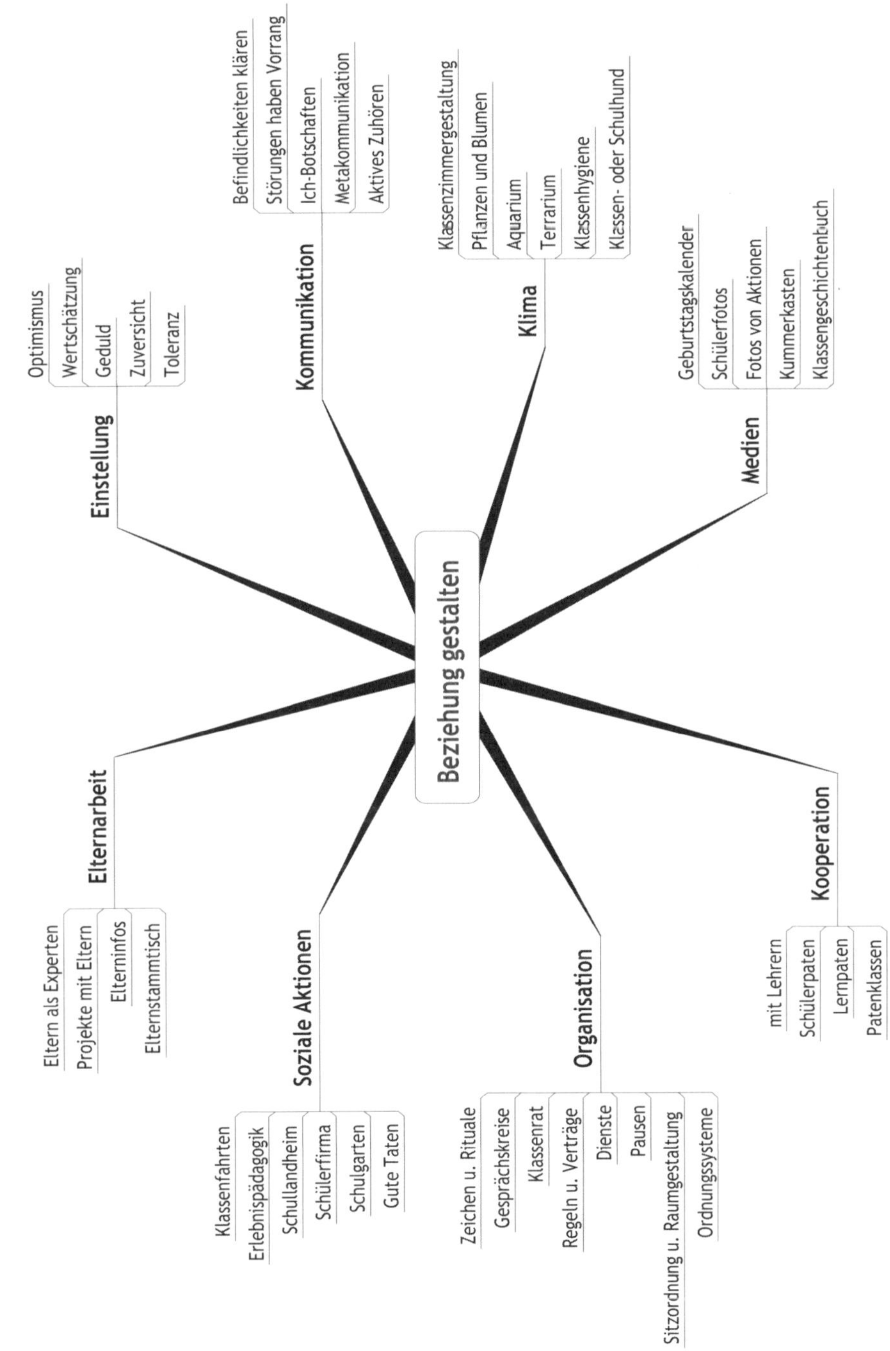
Beziehung gestalten
Einstellung
Optimismus
Wertschätzung
Geduld
Zuversicht
Toleranz
Kommunikation
Befindlichkeiten klären
Störungen haben Vorrang
Ich-Botschaften
Metakommunikation
Aktives Zuhören
Klima
Klassenzimmergestaltung
Pflanzen und Blumen
Aquarium
Terrarium
Klassenhygiene
Klassen- oder Schulhund
Medien
Geburtstagskalender
Schülerfotos
Fotos von Aktionen
Kummerkasten
Klassengeschichtenbuch
Kooperation
mit Lehrern
Schülerpaten
Lernpaten
Patenklassen
Organisation
Zeichen u. Rituale
Gesprächskreise
Klassenrat
Regeln u. Verträge
Dienste
Pausen
Sitzordnung u. Raumgestaltung
Ordnungssysteme
Soziale Aktionen
Klassenfahrten
Erlebnispädagogik
Schullandheim
Schülerfirma
Schulgarten
Gute Taten
Elternarbeit
Eltern als Experten
Projekte mit Eltern
Elterninfos
Elternstammtisch

Abb. 39

Beziehungsfördernd wirken auf alle Fälle Projekte. Bestes Beispiel dafür sind die jährlich beim Deutschen Schulpreis ausgezeichneten Schulen, die allesamt besonders mit ihren Projekten glänzen.

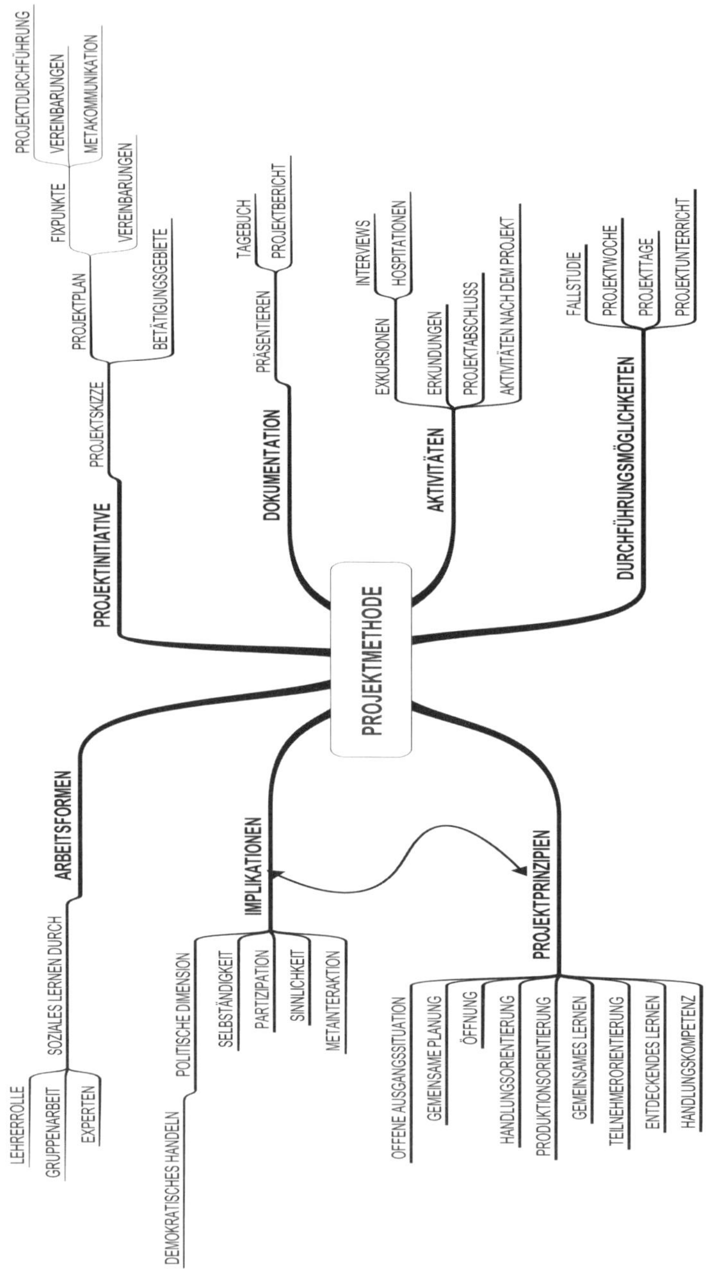

Abb. 40

Mit der Projektmethode geht auch die Öffnung von Unterricht einher, so dass diese Mind Map den Einstieg in das Themenfeld Schulentwicklung abrunden soll.

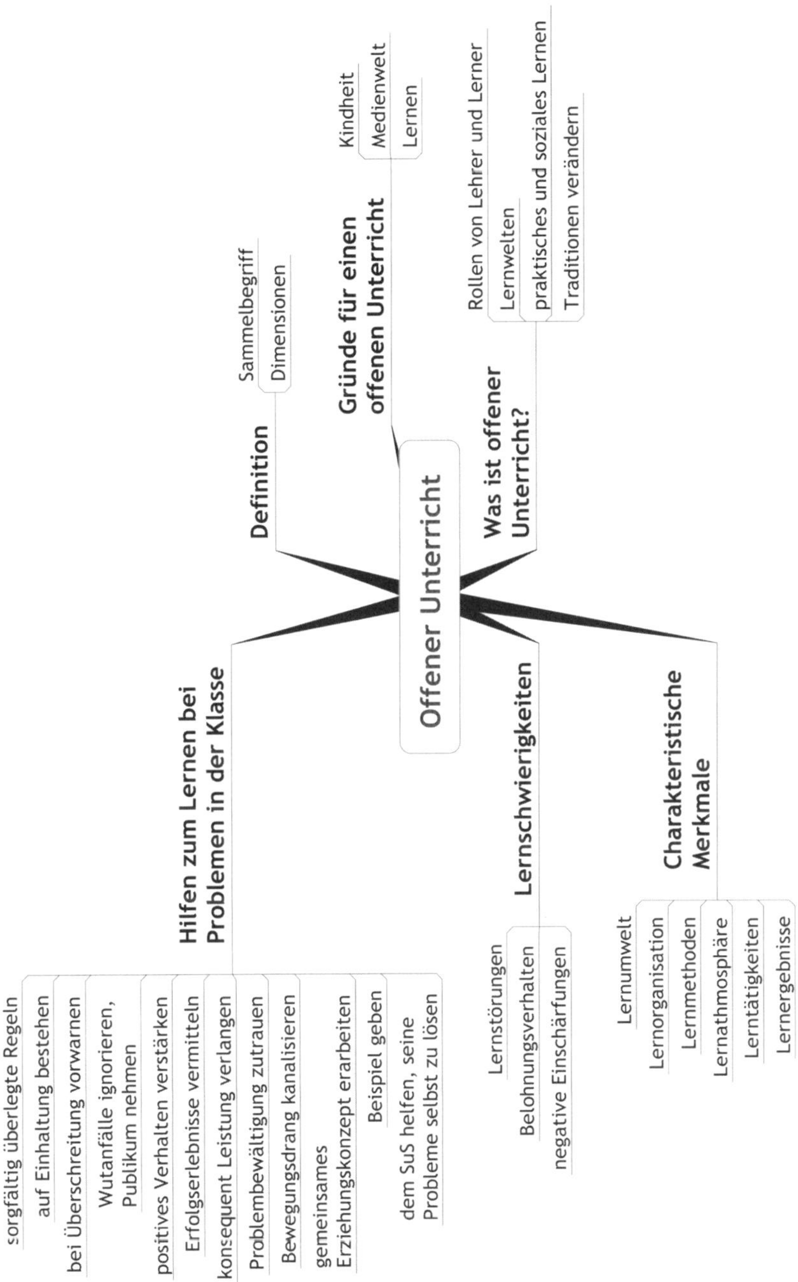

Abb. 41

- Unterstreichen Sie in den Texten die Signalwörter oder Signalwortgruppen.
- Formulieren Sie die Kernfrage(n) der Praxisprobleme.
- Versuchen Sie die Praxisprobleme gegebenenfalls zu visualisieren.
- Notieren Sie die sechs bis acht wichtigsten Aspekte der Grobanalyse.

PP 1

Ein Lehrer unterrichtet an einer Grundschule mit einer geringen Fluktuation im Kollegium, das sehr zusammenhält. Beim Pädagogischen Tag widmete man sich dem Thema: „Die neuen Methoden des Lernens und der Veränderung." Der Kollege hat sich daraus einiges vorgenommen und will auch gleich mit der Veränderung der Lernumgebung beginnen... Er weiß allerdings, dass bisher alle Veränderungsbestrebungen an seiner Schule im Sande verliefen.

PP 2

Ein junger, engagierter Kollege übernimmt mit Beginn des neuen Schuljahres eine 7. Klasse. Er plant in der 2. Hälfte des Schuljahres ein WZG-Projekt durchzuführen und nimmt es in seinen Stoffplan auf.

Im März beginnt das Projekt zum Thema „Medien und Freizeit". Ziel ist es, eine Dokumentation zum Freizeitverhalten von Kindern und Jugendlichen zu erstellen. Der Rektor sieht während des Unterrichts Schüler durch das Schulhaus laufen und er findet Schüler der 7. Klasse in der Aula, in einem Gang und im Aufenthaltsraum in ihre Projektarbeit vertieft. An Nachmittagen sieht man die SuS außerhalb des Unterrichtes im Dorf umherlaufen und Informationen sammeln.

Die Kollegen für Mathematik und ITG verweigern allerdings ihre Mitarbeit (Statistiken erstellen, Mittelwerte berechnen, Diagramme zeichnen) mit dem Hinweis, dass die Fächer nicht zu den beteiligten Fächern bei diesem fächerverbindenden Thema gehörten und dass es zuviel Zeit koste. Als am Ende ein Bericht mit Namen der beteiligten Schüler und des Lehrers im örtlichen Mitteilungsblatt erscheint, meinen einige gestandene Kollegen nur: „Hier ist einer wohl 'publicity-süchtig'!"

PP 3

Eine junge Kollegin wird zum neuen Schuljahr Klassenlehrerin einer 6. Klasse. In den letzten Ferientagen richtet sie das Klassenzimmer her. Sie ordnet die Tische zu Gruppentischen, trennt eine Leseecke ab und legt in Regalen Freiarbeitsmaterial für die Fächer D und M bereit. In ersten Gesprächen erfährt sie, dass diese Klasse sehr undiszipliniert, faul und inhomogen sein soll.

Schon nach etwa 3 Wochen steht die L. vor einem „Scherbenhaufen“. Das ausgelegte Freiarbeitsmaterial ist entweder beschädigt oder verschmutzt, die Leseecke wird nur zum Blödeln verwendet und bei der Gruppenarbeit geht gar nichts. Die Schüler sitzen nur in Freundesgruppen (Ortsteile) zusammen und lassen so keine Neubildung von Arbeitsgruppen bzw. eine Klassengemeinschaft zu. Außerdem scheinen sie den Sinn von Gruppenarbeit nicht zu verstehen. Einige ruhige Mädchen in der Klasse, welche die neue Klassenlehrerin ganz nett finden, empfehlen ihr die Tische wieder in Reihen anzuzordnen.

➢ Nach PP 4 können Sie Ihre Grobanalysen 1–4 mit den Einträgen in der Matrix S. 112 vergleichen. Ihr Ergebnis muss nicht identisch sein! Sie sollten aber zu jedem PP mindestens vier Aspekte Ihrer Grobanalyse wiederfinden.

PP 4

Drei junge Kolleginnen an einer großen Schule möchten gemeinsam an einer Fortbildungsreihe für Berufseinsteiger teilnehmen, die innerhalb eines Schulhalbjahrs sechs ganze Tage umfasst. In einer GLK tragen sie ihren Wunsch vor, was im Kollegium einen Aufschrei auslöst. Die Berufseinsteigerinnen bringen einige Argumente vor und wollen sich auch verpflichten Inhalte der Fortbildung im Kollegium zu multiplizieren. Das überzeugt den Rektor, der ihnen daraufhin die Genehmigung zusagt.

PP 5

Ein Kollegium macht sich auf den Weg. Fünf Tage vor Schuljahresbeginn treffen sich alle zur GLK und die Leiter der Steuerungsgruppe stellen die Klassenverteilung sowie die Deputatsverteilung vor. Daraufhin stellt der Rektor einige Fixpunkte für die Stundenplangestaltung vor. Dann bilden sich Stufenteams, die sich an die Ausgestaltung des Stundenplans machen. Nach acht Stunden gemeinsamer Planung ist der Stundenplan für alle 36 Klassen fertig und jeder im Kollegium ist zufrieden.

PP 6

Ein Kollegium ist sich einig, dass etwas passieren muss, damit es an der Schule endlich vorwärts geht. In mehreren Diskussionsrunden wurde intensiv um ein gemeinsames Lehrerleitbild gerungen und dabei aber auch die Erfahrung gemacht, dass man aufgrund der unterschiedlichen Positionen im Kollegium sich auf dererlei Dinge nur in einem zeitraubenden Prozess verständigen kann.

Alle wünschen sich deshalb professionelle Unterstützung von außen durch einen Moderator und Prozessbegleiter. Dieser Wunsch wird dem Schulleiter vorgetragen …

PP 7

Eine junge Berufseinsteigerin tritt ihre Stelle an einer einzügigen GS an. Im ersten Gespräch erläutert ihr der Rektor das pädagogische Konzept seiner Schule. Dazu gehört beispielsweise, dass alle Kollegen an einem Strang ziehen und sie nachmittags gemeinsam Projekte vorbereiten, die auf drei pro Jahr für die ganze Schule verbindlich festgelegt sind.

Sie muss Protokolle schreiben, für jeden SuS ein Portfolio anlegen, Aktionen in ihrer Klasse dokumentieren, an Selbst- und Fremdevaluation teilnehmen und Kooperationen zu örtlichen Vereinen pflegen. Im Gespräch mit der Elternvertreterin bemerkt diese: „Hoffentlich bleiben Sie länger. In den letzten Jahren hatten wir ständig Lehrerwechsel. Es heißt schon seit Jahren, an unserer Schule hält es keine Lehrerin lange aus.

PP 8

Eine Berufseinsteigerin hat bei ihrem Schulleiter zunächst formlos und dann auch schriftlich den Antrag auf einen freien Tag als Teilzeitbeschäftigte mit einem Deputat von 14 Stunden gestellt. Sie begründet diesen Antrag vor allem mit der notwendigen Betreuung ihrer pflegebedürftigen Mutter. Dazu legt sie eine Bescheinigung der Krankenkasse vor, die sie als Pflegeperson ausweist. Dazu kommt noch die Betreuung zweier eigener schulpflichtiger Kinder.

Der Rektor gibt dem Antrag nicht statt, da für ihn das pädagogische Konzept an seiner Schule beinhaltet, dass jede Klassenlehrerin auch jeden Tag an der Schule ist. Die Grundschulkinder bräuchten ihre Bezugsperson.

PP 9

Eine Schule wird im Losverfahren zum Objekt einer Fremdevaluation bestimmt. Die Evaluatoren kündigen sich zwei Wochen vorher an und kommen dann zu zweit für zwei Tage an die Schule. Sie nehmen in jeder Klasse etwa zwanzig Minuten lang am Unterricht teil und führen Interviews mit Schulleitung, Elternbeiräten, Lehrern und Schülern. Zwei Wochen später kommen sie wieder und tragen vor der GLK ihre Auswertungsergebnisse vor. Das Kollegium erhält keinerlei positive Rückmeldung, die Evaluatoren tragen im Grunde nur einen Mängelbericht vor.

PP 10

Der Hausmeister, die Sekretärin, die Lehrerinnen und Lehrer, (fast) alle fürchten sie den Schulleiter. Dieser steht morgens zehn Minuten vor Unterrichtsbeginn auf dem Flur mit der Stoppuhr in der Hand. Keiner wagt es länger im Lehrerzimmer zu bleiben oder gar zu spät zu kommen. Der Rektor hat alles unter Kontrolle, er weiß alles und sieht alles. Drei Kollegen machen sich einen Spaß daraus sein Kontrollsystem zu unterlaufen ...

Lösungsmatrix mit den wichtigsten Theorieaspekten zu den vorhergehenden Praxisproblemen

Theorieaspekte	Praxisproblem PP Nr.									
	1	2	3	4	5	6	7	8	9	10
7. Klasse u. Pubertät		X								
Gestaltung des Schuljahres-beginns		X	X							
Gruppenarbeit			X							
Innovationsstrategien	X			X						
Kommunikation	X	X	X	X						
Kooperation im Kollegium	X	X		X						
Lehrerpersönlichkeit			X							
Lehrerrolle	X			X						
Lernmethoden	X	X								
Lernumgebung u. Raumgestaltung	X		X							
offener Unterricht			X							
Personalführung				X						
Projektunterricht		X								
Sitzordnung			X							
Zeitmanagement		X		X						

Abb. 42

2.4.14 zum Schuljahresanfang

➤ Zum Einstieg in dieses Themenfeld beginnen wir mit einer Darstellung, mit der wir auch das Themenfeld Klassenführung eröffnen könnten. Außerdem müssen diese Aspekte ebenso vor einer Klassenübernahme bedacht werden, wenn es sich um eine fremde Klasse handelt, womit sich erneut die Vernetzung der verschiedenen Themenfelder bestätigt.

Abb. 43

➢ Unterstreichen Sie in den Texten die Signalwörter oder Signalwortgruppen.

➢ Formulieren Sie die Kernfrage(n) der Praxisprobleme.

➢ Versuchen Sie die Praxisprobleme gegebenenfalls zu visualisieren.

➢ Notieren Sie die sechs bis acht wichtigsten Aspekte der Grobanalyse.

PP 1

Eine Referendarin übernimmt am Schuljahresanfang den Unterricht in einer dritten Klasse. Vom ersten Tag an fällt ihr ein Schüler auf, der sich verweigert, nicht zuhört, an allem desinteressiert scheint und folglich auch kaum etwas zustande bringt ...

PP 2

Das Schuljahr hat gerade begonnen und beim Stuhlkreis heißt es bereits: „Äh, muss das sein?“, beim Schreiben: „Ich will nix schreiben!“ Klebearbeiten auf Blättern und im Heft erledigen die SuS schnell und schlampig nach dem Motto „Hauptsache fertig“.

Und das alles zu Beginn des zweiten Schuljahres!

PP 3

Ein Referendar muss gleich am vierten Tag nach Schuljahresbeginn eine Vertretungsstunde halten. Er hat für solche Fälle eine recht schlaue Gruppenarbeit in der Tasche. Aber gleich zu Anfang wird es an einem Gruppentisch sehr laut. Diese SuS lassen sich vom Referendar nichts sagen. Sie sind nicht zur Ruhe zu kriegen. Eine Schülerin meint: „Sie haben uns gar nichts zu sagen!“

➢ Nach PP 4 können Sie die Aspekte Ihrer Grobanalysen mit den Einträgen in der Matrix Seite 118 vergleichen. Sie sollten keine weiteren Aspekte benötigen!

PP 4

Eine Berufseinsteigerin übernimmt am Schuljahresanfang eine fünfte Klasse. Sie hat sozial-integrative Erziehungsvorstellungen und muss allerdings bereits nach zwei Wochen erkennen, dass sie ohne Strafmaßnahmen nicht auskommen wird. Das bereitet ihr Kopfzerbrechen und sie ist nicht ganz glücklich mit dieser Situation. Deshalb spricht sie Kolleginnen an und erfährt dadurch, dass es denen eigentlich ähnlich geht ...

PP 5

Ein junger Lehrer übernimmt am Schuljahreanfang eine siebte Klasse. Er merkt bereits nach kurzer Zeit, alles bisherige Wissen scheint verschüttet, Arbeitstechniken sind nur rudimentär vorhanden und Gespräche führen ist schlichtweg nicht möglich.

PP 6

Der Schüler Paul besuchte seit der Grundschulzeit eine Schule für Erziehungshilfe. Da sich sein Verhalten gebessert hatte, wurde er am Schuljahresanfang in die Regelschule integriert. Sein Verhalten ist zeitweise problematisch. Er versucht immer wieder, die Aufmerksamkeit der Lehrkräfte und der Klasse auf sich zu ziehen, indem er sich lautstark äußert und einzelne Schüler während des Unterrichts provoziert. In den Pausenzeiten ist er oft in Konflikte verwickelt. Es fällt ihm schwer, sein Verhalten zu kontrollieren und zu reflektieren.

Außerhalb der Schulzeit wird Paul von einer Familientherapeutin begleitet. In Kooperation mit ihr und den unterrichtenden Lehrkräften wurde nun vier Wochen nach Schulbeginn das Verhaltensheft eingeführt. Es war auch der Wunsch der Eltern, einen kontinuierlichen Überblick über das Verhalten des Sohnes zu erhalten.

PP 7

Am Schuljahresanfang verkündet der Schulleiter, dass aufgrund der Wirtschaftskrise die Stadtverwaltung zu rigorosen Sparmaßnahmen gezwungen sei. Aus diesem Grund erhalte jeder Lehrer ein stark reduziertes Kopierkontingent, für zusätzliche Arbeitsmittel sei gar kein Geld vorhanden und bei den Schülerbüchern sei nur eine Ersatzbeschaffung für kaputte oder fehlende Bücher möglich.

PP 8

Eine Berufseinsteigerin freut sich am letzten Schultag über die Zuweisung einer dritten Klasse mit 16 SuS. Eifrig bastelt sie in den Sommerferien an ihrem Konzept und bereitet schon den Unterricht der ersten beiden Wochen vor.

Jedoch findet sie am Schuljahresbeginn eine ziemlich veränderte Situation vor: Wegen des Wegzugs einiger SuS wurden die Klassen 2a und 2b zusammen gelegt. Die Kollegin muss jetzt in räumlich beengten Verhältnissen 29 Drittklässler unterrichten.

PP 9

Am Schuljahresanfang macht sich eine studierte Biologin als KL einer 7. Klasse mit den SuS auf in den Wald. Sie bleibt mit ihnen zwei Wochen in der Natur, jeden Tag von 8 bis 16 Uhr. Es wird gesammelt, gezählt, kartiert, untersucht, gebaut, gebastelt, gesungen und auch gespielt, dass es eine Freude ist den SuS zuzusehen.

Die Eltern sind am Ende begeistert und die KL sagt zufrieden: „Ziel erreicht!“

PP 10

Zwei Freunde kommen zu Schuljahresbeginn jeweils in die fünfte Klasse einer RS bzw. eines Gymnasiums. Leon erzählt hinterher seinen Eltern begeistert von der tollen Einschulungsfeier, dem super Programm und überhaupt sei alles spitze. Matthias kann da nicht mithalten: Bei ihm fand gar keine richtige Einschulungsfeier statt! Alles sei ein bisschen chaotisch gewesen, aber wenigstens habe er schon seinen Stundenplan erhalten, meint seine Mutter.

Lösungsmatrix mit den wichtigsten Theorieaspekten zu den vorhergehenden Praxisproblemen

Theorieaspekte	Praxisproblem PP Nr.									
	1	2	3	4	5	6	7	8	9	10
5. Klasse u. Übergang				X						
Arbeitsverhalten		X								
Arbeitsverweigerung	X	X	X							
Erziehungsstil				X						
Gestaltung des Schuljahres-beginns	X	X	X	X						
Gruppenarbeit			X							
Kooperation im Kollegium				X						
Lehrerrolle			X							
Leistungsschwäche	X									
Lernstörungen	X									
Motivation	X	X								
Stuhlkreis		X								
Umgang mit Strafe				X						
Umgang mit Unruhe			X							
Unterrichtsbeobachtung	X									

Abb. 44

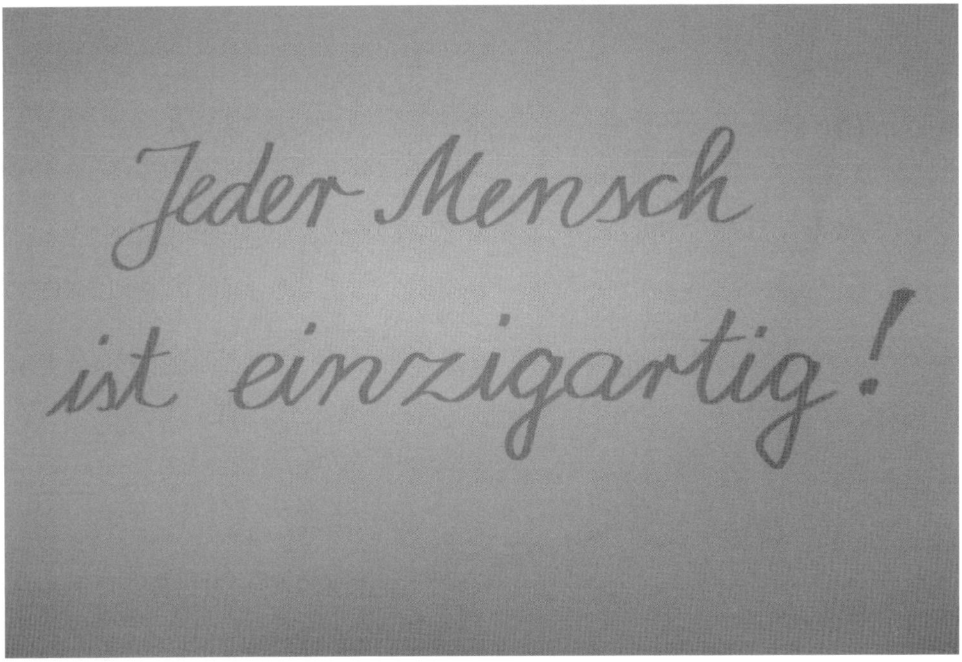
Jeder Mensch
ist einzigartig!

2.4.15 zum Umgang mit Problemschülern

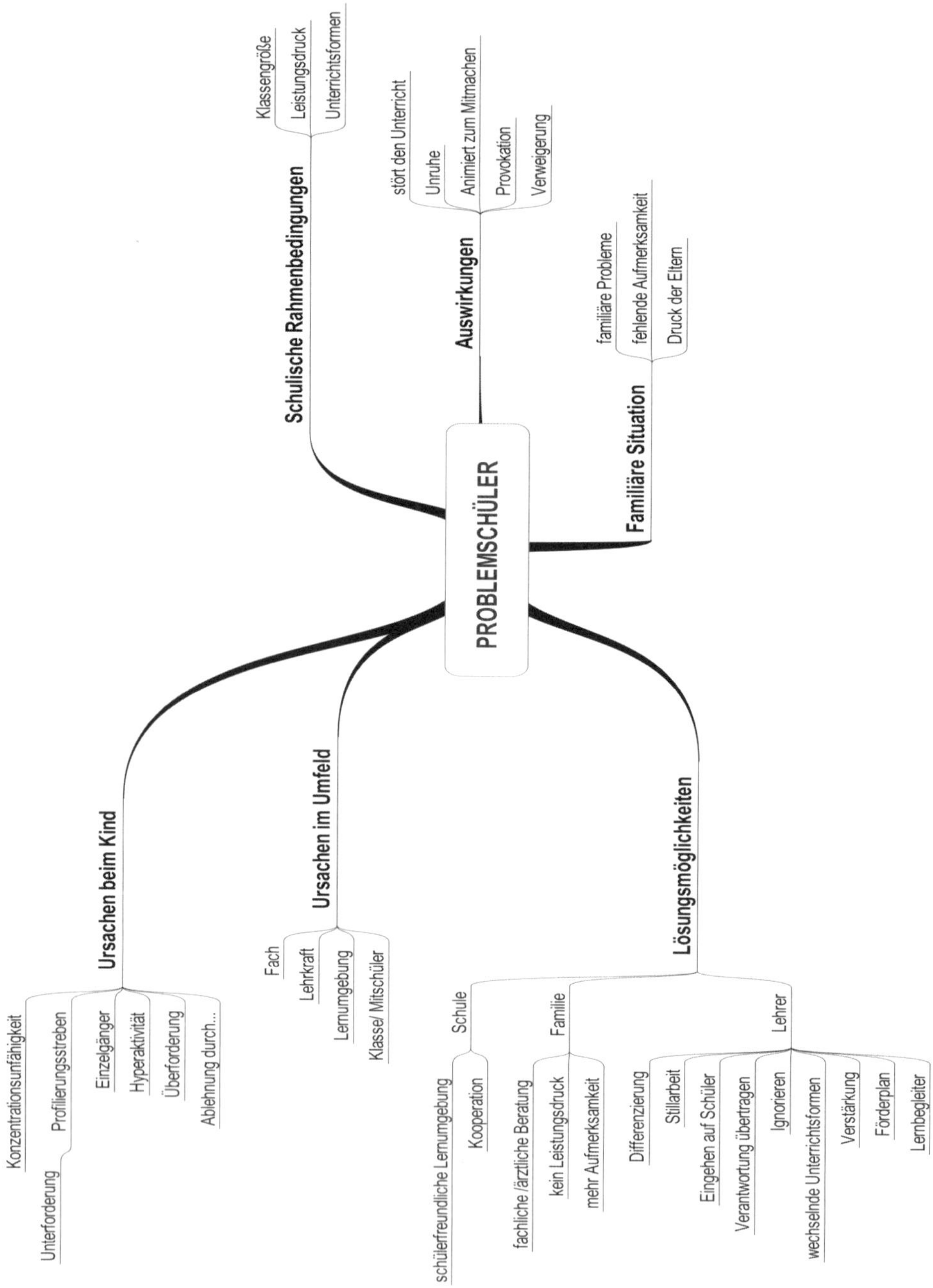

Abb. 45

- Unterstreichen Sie in den PP's die Signalwörter oder Signalwortgruppen.
- Formulieren Sie die Kernfrage(n) der Praxisprobleme.
- Versuchen Sie die Praxisprobleme gegebenenfalls zu visualisieren.
- Notieren Sie die sechs bis acht wichtigsten Aspekte der Grobanalyse.

PP 1

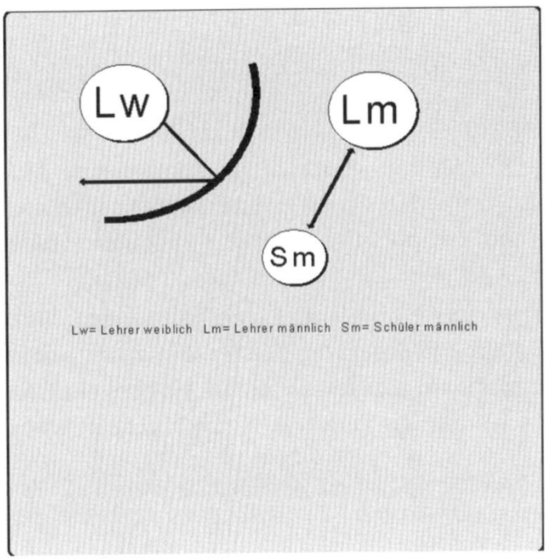

In der 5. Klasse befindet sich Sinasi, ein türkischer Junge, der Anweisungen weiblicher Lehrkräfte grundsätzlich nicht befolgt, sie ignoriert und „sein Ding" macht. Lehrern gegenüber verhält er sich durchaus angepasst, zumindest gibt es von deren Seite keine Klagen.

Rechts dazu eine Visualisierung

PP 2

Jonas ist ein sehr behüteter Junge. Man sagt ihm immer wieder ein, gut mitzumachen und aufzupassen. Seine Hausaufgaben werden gewissenhaft betreut. Er macht oft freiwillige Zusatzaufgaben. Die Lehrer freuen sich über seinen Fleiß und loben ihn entsprechend. Bei seinen Klassenkameraden kommt das allerdings nicht gut an. Zu oft wird er ihnen als Vorbild hingestellt ...

Jonas ist in den Pausen meist alleine oder unterhält sich mit einem Lehrer.

Als zu Beginn einer U.-stunde sein Lehrer nach den Hausaufgaben fragt, findet Jonas sein Heft nicht. Er beteuert zwar, die Aufgaben gemacht zu haben, aber das Heft bleibt verschwunden. Jonas glaubt auch ganz genau zu wissen, dass er sein Heft eingesteckt und nicht vergessen hat. Deshalb beschuldigt er seine Mitschüler, indem er sagt: »Ihr habt mir mein Heft geklaut, gebt mir mein Heft wieder.« – Doch die Mitschüler wissen von nichts, sie schweigen und lachen schadenfroh.

PP 3

Eine junge Lehrerin unterrichtet als Fachlehrerin in einer ländlichen Schule mit problematischem Umfeld und hohem Ausländeranteil.

Ein Schüler der 2. Klasse, dessen Eltern in Scheidung leben, bereitet der Lehrerin immer massivere Schwierigkeiten durch sein ständiges Herumkaspern; z. Z. rülpst er alle fünf Minuten und erntet damit bei seinen Mitschülern beste Erfolge. Wenn die Lehrerin ein Thema ankündigt, kommt von ihm mit Sicherheit: „So ein Scheiß." Die Lehrerin hat ihm schon mehrfach Strafarbeiten gegeben und auch schon zum Arrest bestellt. Die Kollegin wendet sich an die Klassenlehrerin und diese meint: „Wo er's kann, da probiert er's."

PP 4

Die Klasse 2 in ihrem Klassenzimmer. Einige Kinder bemühen sich, gemeinsam eine Aufgabe zu lösen. Sie sprechen leise miteinander. Zwei Kinder liegen in der Leseecke und schauen ein Buch an. Die Lehrerin sitzt an einem Gruppentisch und liest mit einer Schülerin.

Alle arbeiten konzentriert an ihren Aufgaben – nur Paul nicht. Er zappelt herum, läuft durch das Zimmer, schnippt mit Papierkügelchen und ärgert die Kinder. Plötzlich springt ein Junge auf. Er hatte unter der Belästigung wohl am meisten zu leiden. Er geht zur Glocke, die für derartige Fälle auf dem Lehrertisch steht. Er läutet. Alle sehen gespannt von ihrer Arbeit auf...

PP 5

Eine junge Lehrerin unterrichtet MNK in einer 3. Klasse als Fachlehrerin. Karolin sitzt vor ihrem weißen Blatt und will nicht anfangen zu arbeiten. Die Kollegin spricht Karolin an, redet ihr gut zu, macht ihr Mut und ermuntert sie anzufangen. Karolin äußert (trotzig): „Malen kann ich sowieso nicht!" Einige Schüler/innen an diesem Gruppentisch machen daraufhin abfällige Bemerkungen über Karolin.

PP 6

Marco kann sich kaum konzentrieren. Eines Tages führt die Lehrerin mit den Kindern gerade ein Kreisgespräch, als sie bemerkt, dass Marco seine Mitschüler trotz Erinnerung an die Gesprächsregeln schon wieder belästigt. Sie ermahnt ihn: „Wenn du noch einmal auffällst, gehst du in den Trainingsraum!" (Diesen Raum gibt es seit Beginn des Schuljahres.)

Die Mitschüler beschweren sich ebenfalls: „Der lässt uns nie in Ruhe. Im letzten Schuljahr hätte der schon längst eine Stunde Arrest bekommen!"

Marco lässt sich dadurch nicht beeindrucken, stört weiter und weigert sich das Klassenzimmer zu verlassen ...

PP 7

Alex ist das siebte von zwölf Kindern einer alleinerziehenden Mutter. Er besucht die dritte Klasse und hat bereits ein Schuljahr wiederholt. Er kann nur stockend lesen, hat Mühe mit dem Schreiben und rechnet sehr unzuverlässig im Zahlenraum bis 100. Alex verlangt ständig nach der Zuwendung des Lehrers. Aus Partner- oder Gruppenarbeit zieht er sich zurück und schmollt. An Aktionen im Kreis nimmt er nur kurze Zeit teil ...

PP 8

Kim besucht Klasse zehn und nimmt es mit der Wahrheit nicht so genau. Schon in der Grundschule hat er die Unterschrift der Eltern gefälscht und bei „Einkäufen“ auf sie anschreiben lassen. Mit elf war er mit dem ersten Handyvertrag gebunden und mit dreizehn verschuldet.

Jetzt hat er seinen Ruf weg: Vermisst jemand Geld, ist in der Klasse ein Gegenstand verschwunden, was auch immer – es war Kim! Glauben tut ihm schon lange keiner mehr.

PP 9

Sarah besucht die Eingangsstufe und ist eine wissbegierige und fleißige Schülerin. Sie geht gerne zur Schule und sagt das auch hin und wieder der Lehrerin. Sie bringt ihr zudem immer wieder Blumen mit, malt ihr Bilder oder bietet ihr etwas Süßes an.

PP 10

In der siebten Klasse ist eine 17-jährige Schülerin, die sich in jedem Fach und bei jedem Lehrer daneben benimmt. Sie hat in der Klasse zwei männliche Anhänger, die nach ihrer Pfeife tanzen. Ihr Ziel ist es, in jeder Stunde durch Provokationen und destruktive Aktionen den Unterricht zu zerstören.

Tipp:

➢ Dieses Themenfeld bietet sich an, am Ende der zehn Problemanalysen das Aufgabenspektrum um eine zusätzliche Übung zu erweitern.

Von Georg E. Becker stammt die Idee des Entscheidungstrainings[28] unter dem Blickwinkel der Gewichtung. Er unterscheidet dabei Rand- und Zentralkonflikte, sowie Schein- und Extremkonflikte. Diese Konflikte sind nicht definiert, es gilt lediglich:

- Scheinkonflikte sind nur vordergründig vorhanden,
- Extremkonflikte erfordern das Hinzuziehen von Fachleuten,
- Randkonflikte haben die Stärken 1, 2 und 3,
- Zentralkonflikte haben die Stärken 4, 5 und 6.

So ergibt sich eine Skala

Scheinkonflikt Randkonflikt Zentralkonflikt Extremkonflikt

S) R1 R2 R3 Z4 Z5 Z6 (E

➢ Beim Umgang mit Problemschülern handelt es sich ohne Frage um Konflikte.

Ergänzen Sie deshalb Ihr Training,indem Sie für die zehn PP's auf der Skala eine Wertung mit einem Kreuzchen abgeben. Es gibt dazu keine Vergleichswerte, denn es kommt ganz allein darauf an, dass Sie sich festlegen.

➢ Für dieses fraglos schwierige und sehr belastende Themenfeld bieten wir Ihnen mit der nachfolgenden Mind Map einen weiteren Maßnahmenkatalog an.

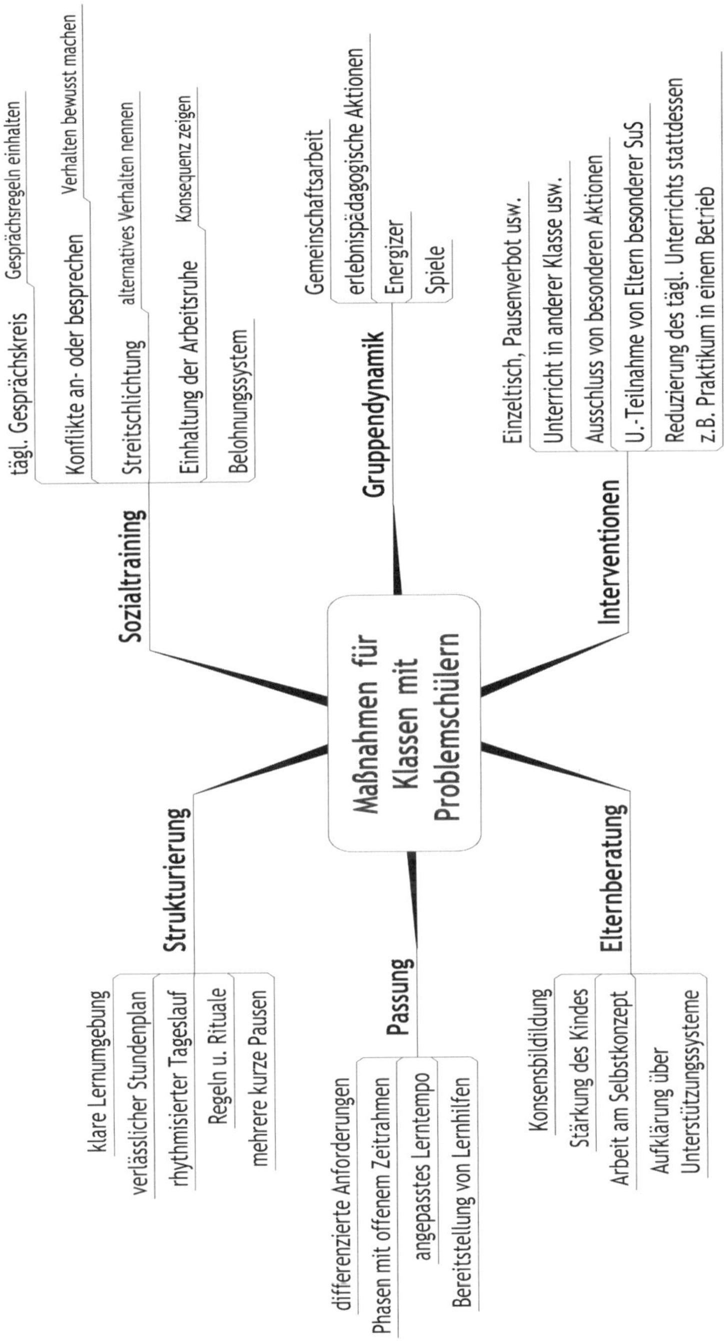
Maßnahmen für Klassen mit Problemschülern
Sozialtraining
tägl. Gesprächskreis
Gesprächsregeln einhalten
Konflikte an- oder besprechen
Verhalten bewusst machen
Streitschlichtung
alternatives Verhalten nennen
Einhaltung der Arbeitsruhe
Konsequenz zeigen
Belohnungssystem
Gruppendynamik
Gemeinschaftsarbeit
erlebnispädagogische Aktionen
Energizer
Spiele
Interventionen
Einzeltisch, Pausenverbot usw.
Unterricht in anderer Klasse usw.
Ausschluss von besonderen Aktionen
U.-Teilnahme von Eltern besonderer SuS
Reduzierung des tägl. Unterrichts stattdessen z.B. Praktikum in einem Betrieb
Strukturierung
klare Lernumgebung
verlässlicher Stundenplan
rhythmisierter Tageslauf
Regeln u. Rituale
mehrere kurze Pausen
Passung
differenzierte Anforderungen
Phasen mit offenem Zeitrahmen
angepasstes Lerntempo
Bereitstellung von Lernhilfen
Elternberatung
Konsensbildung
Stärkung des Kindes
Arbeit am Selbstkonzept
Aufklärung über Unterstützungssysteme

Abb. 47

Lösungsmatrix mit den wichtigsten Theorieaspekten zu den vorhergehenden Praxisproblemen

Theorieaspekte	Praxisproblem PP Nr.									
	1	2	3	4	5	6	7	8	9	10

Abb. 48

2.4.16 zu Unterrichtsmethoden

➢ Sie können sich zunächst mit der folgenden Mind Map im Themenfeld orientieren

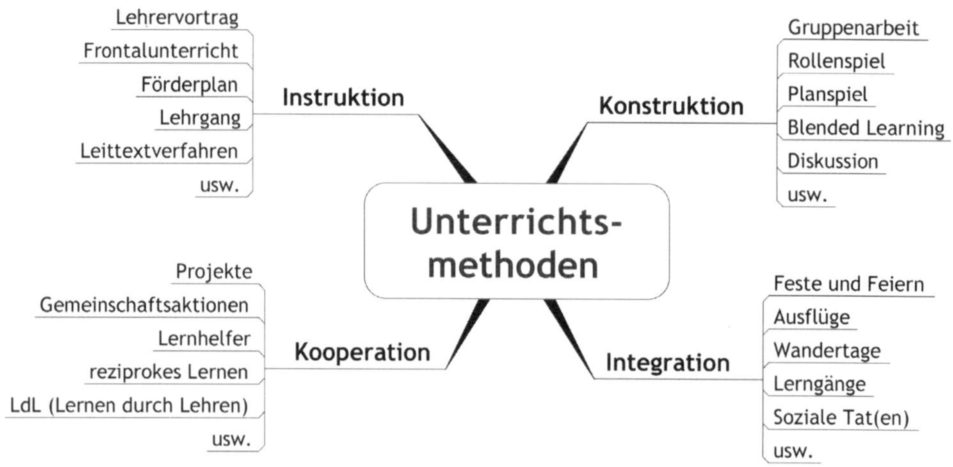

Abb. 49

Tipp: Siehe dazu auch „Lernzirkel", „Drucken" und „Waldpädagogik" S. 151–153

➢ Unterstreichen Sie in den Texten die Signalwörter oder Signalwortgruppen.
➢ Formulieren Sie die Kernfrage(n) der Praxisprobleme.
➢ Versuchen Sie die Praxisprobleme gegebenenfalls zu visualisieren.
➢ Notieren Sie die sechs bis acht wichtigsten Aspekte der Grobanalyse.

PP 1

Zwei Referendarinnen stellen fest, dass an ihren Ausbildungsschulen trotz des neuen Bildungsplanes wenig bis gar kein Projektunterricht stattfindet. Wenn, dann ist es zumeist ein Projekttag oder auch zwei bis drei Projekttage kurz vor den Sommerferien. Dabei werden dann Themen wie „Schach", „Reiten", „Töpfern" usw. von Lehrer/innen oder Eltern angeboten. Wirkliche Projekte sind ganz rar!

PP 2

Von einem Lehrer wird ein Projekt auf den Weg gebracht. SuS der Klassenstufe 5/6 wählen sich ein attraktives Thema zur Verbesserung des Sozialverhaltens in den Pausenbereichen und erarbeiten einen anschaulichen Projektplan. Jedoch ersticken die Aktionen zur Projektausführung im Ansatz.

Das Projekt scheitert ...

PP 3

Anlässlich einer Fortbildung zum neuen Bildungsplan wird im Lehrerkollegium heftig um den Frontalunterricht diskutiert. Der Rektor ist dabei der Meinung, dass zu viel offener Unterricht durchgeführt wird, und damit verbunden, der fragend-erarbeitende Unterricht zu kurz komme.

„Es ist doch aus der neueren Unterrichtsforschung bekannt und empirisch erwiesen, dass traditionelle Unterrichtsformen die besseren Schüler hervorbringen. Ein Unterricht, bei dem die SuS ein großes Maß an Wahlfreiheit und Mitgestaltungsmöglichkeiten haben, rückt Lernen und Lernerfolge in die Nähe der Beliebigkeit." Einige Lehrer/innen geben zu bedenken, dass offenere Lernformen andere Qualitäten besäßen, die auch wesentliches Ziel der Hauptschule seien.

➢ Nach PP 4 können Sie Ihre Grobanalysen 1–4 mit den Einträgen in der Matrix S. 132 vergleichen. Ihr Ergebnis muss nicht identisch sein! Sie sollten aber zu jedem PP mindestens vier Aspekte Ihrer Grobanalyse wiederfinden.

PP 4

Eine Lehrerin übernimmt zum Schuljahresbeginn eine 3. Klasse und möchte im Unterricht wichtige didaktische Prinzipien anwenden. In einer der folgenden Stunden trägt die Lehrerin zum Unterrichtsthema eine Fülle von Materialien zusammen, die den Lehrgegenstand verdeutlichen und den Schülern das Lernen erleichtern sollen. Gearbeitet wird überwiegend in Kleingruppen und im Gespräch sowie in Einzelarbeit, in der in einem Lückentext die bereitgestellten Begriffe zum Thema eingesetzt werden müssen. Das Tafelbild – vom Lehrer selbst erstellt – zeigt den Umfang des Lernstoffs.

In einer nachfolgenden Phase der Ergebnissicherung stellt die Lehrerin erschrocken fest, dass nur wenig Lernstoff von den Kindern behalten wurde.

PP 5

Ein junger, engagierter Kollege ist seit vier Monaten im Schuldienst. Er ist vom Wert offener Unterrichtsformen überzeugt.

Die Schüler seiner 7. Klasse sind begeistert. Besonders gelungene Produkte aus seinem Unterricht werden von den Schülern häufig im Schulgebäude ausgestellt. In letzter Zeit aber vernimmt er zunehmend öfter versteckte Kritik: Kollegen spötteln, dass bei ihm nur gewerkelt werden würde. Der Schulleiter hat sich ganz nebenbei nach seinem Stoffverteilungsplan erkundigt und bittet um Vorlage. Der Elternvertreter fragt immer gezielter nach, ob über Stationenlernen, Lernspiele und „solche Dinge" auch genügend Stoff vermittelt werden könne ...

PP 6

Ein halbes Jahr nach Übernahme einer 3. Grundschulklasse fühlt sich die Lehrerin „ausgelaugt, kaputt und enttäuscht". Sie konnte die Schüler mit ihrem Unterricht nicht zu konzentriertem Arbeiten motivieren; das Bewegungsbedürfnis der Kinder und ihr nahezu unendliches Mitteilungsbedürfnis konnte sie nicht bewältigen. Sie entscheidet sich nun für die Einführung offenerer Unterrichtsformen, welche sie auf einer Fortbildungsveranstaltung kennen gelernt hat.

Der Rektor empfiehlt, die Eltern an einer Klassenpflegschaftssitzung zu informieren. Ein Kollege meint allerdings nur: „Mit diesen neumodischen Methoden werden Sie die Kinder auch nicht in den Griff bekommen. Eine straffe Führung und Konsequenz sind immer noch das beste Mittel!"

PP 7

Ein Berufseinsteiger im Gymnasium unterrichtet Mathematik in Klasse neun und kündigt zum dritten Mal in diesem Schulhalbjahr ein Gruppenpuzzle an. Die SuS stöhnen: „Nicht schon wieder." und „Da lernt man doch nix!"

PP 8

Eine Referendarin unterrichtet Deutsch in Klasse acht. Sie erkennt, dass sich ihre SuS in letzter Zeit zunehmend für die Berufswelt interessieren, deshalb plant sie Unterrichtseinheiten zum Thema Berufsfindung. Sie führt unter anderem ihre SuS in mehreren kleinen Schritten zum Rollenspiel und lässt schließlich mit Unterstützung eines betrieblichen Ausbilders Bewerbungsgespräche simulieren. Die SuS arbeiten toll mit und machen erkennbare Fortschritte in ihrer Selbstdarstellung.

PP 9

Eine junge Berufseinsteigerin ist überzeugt vom handlungs- und produktionsorientierten Unterricht. Sie plant und arrangiert ihren Unterricht deshalb mit Phasen intensiven praktischen Lernens in einem Planspiel zum Thema Industrieansiedlung. Dabei nimmt sie in Kauf, dass sie mit ihrem Stoffplan in zeitlichen Verzug gerät. Nachhaltigkeit ist ihr wichtiger als die Planerfüllung. Allerdings müssen auch ihre SuS irgendwann Prüfung machen ...

PP 10

Eine Referendarin arbeitet in ihrem Fach Deutsch immer wieder gerne im Frontalunterricht, wenn sie etwas Wichtiges der Klasse erklären oder mit den SuS besprechen möchte. Ihren Frontalunterricht wechselt sie allerdings ab mit dem Leittextverfahren, bei dem die SuS überwiegend selbstständig arbeiten sollen und die Referendarin nur als Lernberaterin zur Seite steht. Unterstützung benötigen hier vornehmlich die SuS mit einer etwas geringer ausgeprägten Lesekompetenz.

Lösungsmatrix mit den wichtigsten Theorieaspekten zu den vorhergehenden Praxisproblemen

Theorieaspekte	Praxisproblem PP Nr.									
	1	2	3	4	5	6	7	8	9	10
Did.-methodisches Konzept	X	X		X						
Didaktische Prinzipien				X						
Ergebnissicherung				X						
Erziehungskonzept, Bildungsplanu. Schultheorie	X									
fragend-entwickelnder Unterricht			X							
Frontalunterricht			X							
Klassenstufe 5/6 u. Orientierung		X								
Lehrerpersönlichkeit		X		X						
Medieneinsatz				X						
Offener Unterricht			X							
Partizipation			X							
Pausengestaltung		X								
Praktisches Lernen	X	X								
Projektmethode	X	X								
Schuljahresbeginn				X						
Schulprofil	X									
Sozialverhalten		X								
Unterrichtsforschung u. Befunde			X							
Zusammenarbeit zwischen Schule u. Elternhaus	X									

Abb. 50

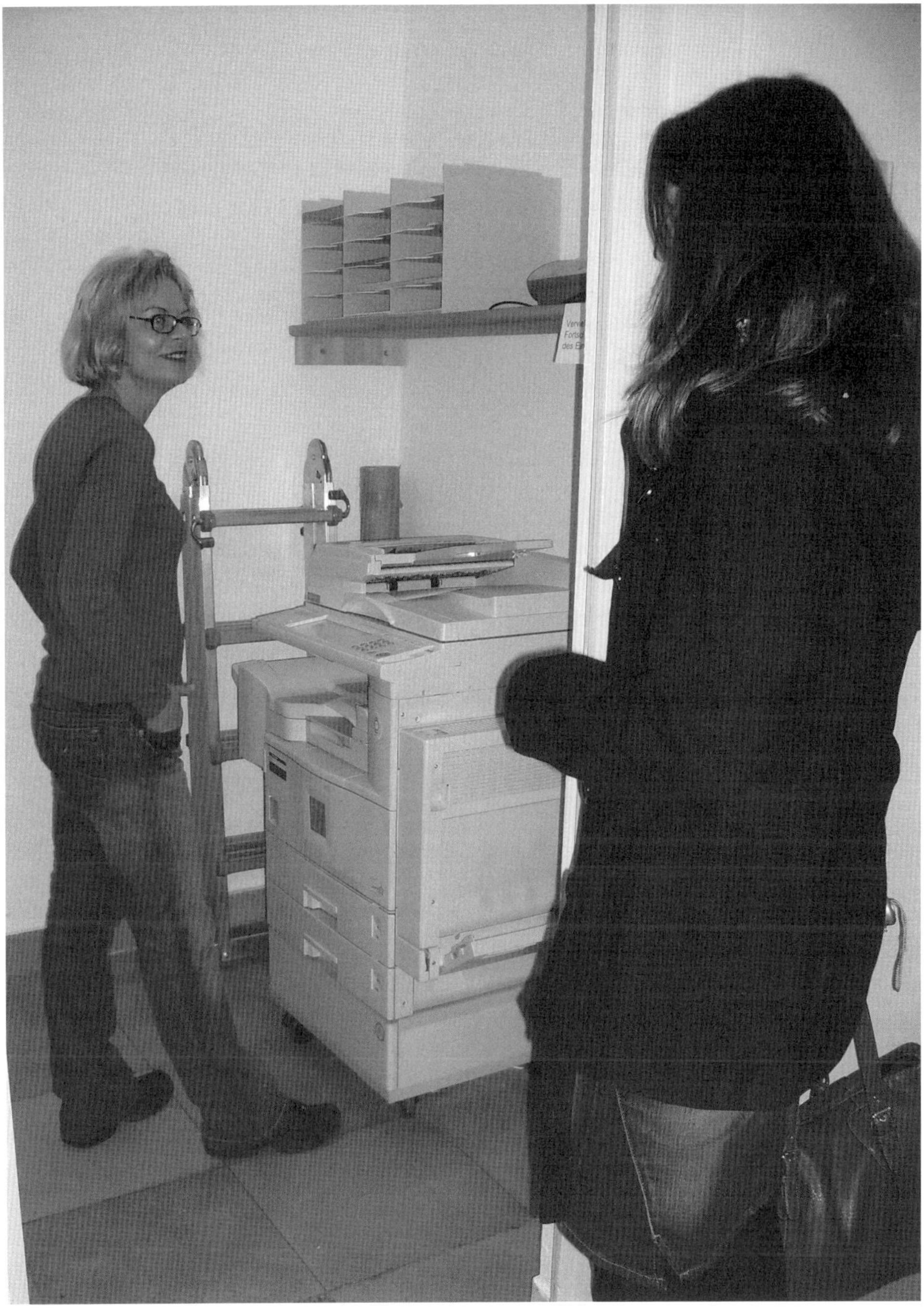

2.4.17 zur Zusammenarbeit in der Ausbildung

PP1

Referendar und Ausbilderin stellen ein funktionierendes Team dar. Sie bereiten den Unterricht oft gemeinsam vor, erstellen zusammen Lernmaterial, besuchen sich gegenseitig im Unterricht und verstehen sich auch außerhalb der Schule recht gut.

Bei der Unterrichtsbesprechung mit dem Rektor äußert sich dieser kritisch zur Erarbeitungsphase und stellt den Lernzuwachs in Frage. Daraufhin rechtfertigt sofort die Mentorin das didaktische Vorgehen des Referendars.

PP 2

Eine Referendarin ist sehr fleißig und engagiert sich an ihrer Ausbildungsschule auch außerhalb ihres Deputats für das Schulleben insgesamt. Dabei wird sie allmählich mit Arbeit zugedeckt. Als Begleitperson, Hofaufsicht, Projektbetreuerin und Helferin bei der Netzwerkwartung ist sie aktiv.

Vier Monate vor ihrer zweiten Dienstprüfung kommt es zum Zusammenbruch. Wegen Überlastung fällt sie längere Zeit aus …

PP 3

Ein Referendar nervt seine Umgebung. Vereinbarte Besprechungstermine hält er nicht ein, sagt kurzfristig ab oder kommt zu spät. Seine laufenden Planungsunterlagen legt er nie unaufgefordert vor und die Vorbereitungen bei einem Unterrichtsbesuch kopiert er auf den letzten Drücker, nachdem er zuvor tagelang das halbe Kollegium mit Fragen zu seinem Stundenthema gelöchert hat.

Wie wär's denn mit eigenen Praxisproblemen zu diesem Themenfeld?

PP 4

Nur Mut, das klappt!

PP 5

Lösungsmatrix mit den wichtigsten Theorieaspekten zu den vorhergehenden Praxisproblemen

Theorieaspekte	Praxisproblem PP Nr.									
	1	2	3	4	5	6	7	8	9	10
Arbeitsorganisation u. Zeitmanagement		X	X							
Beratungsprinzipien	X		X							
Kommunikation	X	X	X							
Kooperation im Kollegium	X	X								
Kriterien guten Unterrichts	X									
Lehrerpersönlichkeit u. -Rolle		X	X							
Personalführung		X	X							
Schulkultur		X								
Unterrichtsanalyse u. -Bewertung	X									
Unterrichtsbeobachtung	X									
Unterrichtsvorbereitung	X		X							

Abb. 51

3. Ende gut, alles gut!

Herzlichen Glückwunsch! Sie haben sich durch das Programm durchgearbeitet, nun aber geht es zurück zu den Wurzeln. Am Anfang der Problemanalyse sollte nämlich dann, wenn es sich um Ihre eigenen Praxisprobleme handelt, immer die Selbstreflexion stehen.

Bei einer Vielzahl der analysierten Praxisprobleme haben wir gesehen, dass die Lehrerpersönlichkeit in irgendeiner Weise involviert ist. Deshalb kommen wir nicht umhin Selbstaufklärung zu betreiben.

Das Nachdenken über Praxisprobleme muss bei uns selbst anfangen.

3.1 Selbstkonzept

Das Selbstkonzept umfasst das Wissen um die eigene Person und dazu gehören personale Elemente wie Eigenschaften, Fähigkeiten, Gefühle, Verhaltensweisen und Vorlieben, aber auch Einstellungen und Hoffnungen.

Leider beschäftigt sich die aktuelle pädagogisch-psychologische Selbstkonzept-Forschung in erster Linie mit der Erforschung schulischer Selbstkonzepte und dabei mit Schülerinnen und Schülern sowie mit Studentinnen und Studenten. Erforscht wird das schulische Wahlverhalten beziehungsweise die studentischen Beweggründe für die Wahl eines Lehrerstudiums.

Wir benutzen deshalb einen eigenen Fragenkatalog zur Analyse des Selbstkonzepts. Dieser Bogen hat sich in der Arbeit mit Berufseinsteigern bewährt und auf gezieltes Nachfragen betonen diese Personen, die Fragen seien sehr hilfreich.

➢ Stellen Sie sich bitte darauf ein, dass die Analysefragen teils ungewöhnlich sind. Es sind Fragen, die Sie sich möglicherweise noch nie gestellt haben.

Nehmen Sie sich bitte reichlich Zeit für die Beantwortung der Fragen!

Fragen zu meinem Selbstkonzept

Emotionale Dimension

Wie gehe ich mit mir selbst um?

Wovon lasse ich mich in meinem Berufsfeld betreffen?

Wofür öffne ich mich?

Wo grenze ich mich ab?

Wozu bin ich bereit beziehungsweise nicht bereit?

Wie will ich mich schützen?

Nehme ich meine Freude am Beruf bewusst wahr?

Nehme ich meine beruflichen Ängste ernst?

Kooperative Dimension

Was stützt oder trägt mich (Urvertrauen, Lebenssinn, „Prinzip Hoffnung"?

Woher schöpfe ich Kraft, schwierige Situationen zu überstehen?

Wer oder was gibt mir Kraft Anderen in Konflikten zu helfen?

Was nehme ich mir von anderen Menschen?

Mit welchen Talenten Eigenschaften, Fähigkeiten, Stärken konnte ich anderen Menschen helfen?

Motivationale Dimension

Was hat mich veranlasst Lehrer zu werden, ...

welche Menschen und Begegnungen?

welche Ereignisse oder Momente in meinem Leben?

welche Erlebnisse oder Erfahrungen?

welche Bücher und welche Ideen?

Ethische Dimension

Welche Grundüberzeugungen leiten mich?

Welche Werte und Normen vertrete ich?

Vor wem verantworte ich sie, religiös, philosophisch, ethisch oder politisch?

Intentionale Dimension

Welche Ziele habe ich mit meiner Arbeit als Lehrer ...

für mich selbst?

für Schüler?

für Eltern?

Kollegen?

Schulleitung oder Ausbilder?

Perspektivische Dimension

Wie will ich meine Ziele erreichen?

Wo sehe ich meine Stärken?

Was will ich oder muss ich noch lernen?

Für welchen Kommunikationsstil entscheide ich mich?

Welche Unterrichtsformen pflege ich?

Über welches „Handwerkszeug" verfüge ich?

Welche Arbeitstechniken will ich für mich verfügbar haben?

Welche Unterstützungssysteme will ich nutzen?

Welche Rolle möchte ich an meiner Schule einnehmen?

Tipp!

- Halten Sie die Ergebnisse Ihrer Analyse fest!
- Führen Sie nach Möglichkeit ein Portfolio!

3.2 Persönlichkeitsprofil

➢ Machen Sie bitte Ihre Kreuzchen! 0 = unzutreffend 5 = voll ausgeprägt

	0	1	2	3	5
aggressiv					
anpassungsfähig					
aufgeschlossen					
ausgeglichen					
beeinflussbar					
cool					
ehrgeizig					
freundlich					
geduldig					
gerecht					
hilfsbereit					
impulsiv					
introvertiert					
kompromissbereit					
kooperativ					
kreativ					
nervös					
offen					
optimistisch					
realistisch					
sachlich					
selbstbewusst					
sympathisch					
tatkräftig					
temperamentvoll					
tolerant					
unsicher					
vielseitig					
warmherzig					
zuverlässig					

Abb. 52

- Verbinden Sie bitte abschließend Ihre Kreuzchen zu einer Zick-Zack-Linie.
- Danach sollten Sie einen solchen Bogen auch von einem Menschen aus Ihrem Umfeld ausfüllen lassen!

Besonders interessant an Ihrem Persönlichkeitsprofil ist der Vergleich zwischen Ihrer Selbsteinschätzung und der Fremdwahrnehmung Ihrer Person. Um der Frage, wie Sie auf andere Menschen wirken nachzugehen, müssten Sie diesen Bogen sogar noch von zwei bis drei weiteren Personen ausfüllen lassen. Nur so wären Wahrnehmungsfehler einigermaßen auszuschalten. Heraus kommt am Schluss natürlich nur ein subjektives Bild, das festhält wie Sie auf andere wirken.

Interpretation:

große Übereinstimmung:	Toll, weiter so!
einige Abweichungen:	Manches überdenken und realistischer sehen!
große Abweichungen:	Das klärende Gespräch suchen!

TIPP!

Sie können mit der heute weit verbreiteten Checklisten-Literatur Ihr Reflexionsniveau weiter ausbauen. Ein gelungenes Beispiel ist die „Kompetenz-Analyse“ bei Kliebisch/ Meloefski: LehrerSein. Hohengehren 2006, S. 113ff.

3.3 Videoanalyse

Mehr Sicherheit in der Einschätzung Ihrer Wirkung auf andere Menschen erhalten Sie durch die Videoanalyse. Aufgrund der rasanten Entwicklung der Videotechnik dürfte jeder Lehrer in der Lage sein mit wenig Aufwand eine Videografie seines Unterrichts herzustellen.

Seien Sie mutig und packen Sie es an! Es gibt kaum ein besseres technisches Hilfsmittel als das Video, um an der personalen Kompetenz zu arbeiten.

Auf der folgenden Seite stellen wir Ihnen ein Protokollformular für die Auswertung von Unterrichtsvideos zur Verfügung.

Minute	Aktion der/des L.	Aktion von:
1.		
3.		
5.		
7.		
9.		
11.		
13.		
15.		
17.		
19.		
21.		
23.		
25.		
27.		
29.		
31.		
33.		
35.		
37.		
39.		
41.		
43.		
45.		
47.		

In der Kopfzeile steht rechts neben der Lehrerin oder dem Lehrer über der Spalte die Klasse, eine Gruppe oder ein einzelner Schülername. Jede zweite Minute (alternativ in jeder Minute) werden in beiden Spalten die Aktionen notiert.

Hier gehen wir davon aus, dass die Taten Rückschlüsse auf die Wirkung von Personen zulassen.

Das heißt, wenn ein beobachteter Schüler immer dann Unruhe erzeugt, wenn der Lehrer etwas ganz Bestimmtes tut, dann müssen wir über diesen Zusammenhang nachdenken. So lassen sich mit solchen Auswertungsprotokollen viele wenn-dann-Relationen entdecken.

In der Arbeit mit Referendaren und Berufseinsteigern hat sich diese Analyse sehr bewährt. Es gehört nur ein wenig Mut dazu, die Angst vor dem Medium Video abzulegen und die SuS vergessen bereits nach wenigen Minuten die Kamera im Raum.

3.4 Bilanz

Nur die Nutzer dieses Buches können entscheiden, ob sie ihre Ziele erreicht haben. Sie haben vermutlich den konstruktivistischen Charakter dieses Trainingsprogramms wahrgenommen und hoffentlich als sehr wohltuend empfunden.

- Sie fanden deshalb in diesem Buch keine Patentrezepte, sondern bestenfalls Lösungshilfen und Tipps.
- Es bot Ihnen Kontrollmöglichkeiten und trotzdem Spielräume für alternative Gedanken.
- Das Programm lud Sie zu einer individuellen Arbeitsplanung ein.
- Ferner animierte Sie das Trainingsprogramm möglicherweise zur vertiefenden Recherche oder zur Konstruktion von großformatigen Visualisierungen.

Die Autoren dieses Programms haben den Versuch unternommen, die Leser mit Hilfe von Visualisierungstechniken sanft in das systemische, zusammenhangsorientierte Lernen hinein zu führen.

Dieses Lernen hat unmittelbar mit der Entwicklung zu tun, die in den kommenden Jahren einen heftigen Wandel in der Pädagogik vermuten lässt, was durch eine historische Betrachtung zur Gewissheit wird: Auf Wirtschaftskrisen folgten stets Reformen in Pädagogik oder Bildungspolitik. Ausdruck des derzeitigen Wandels ist die Abkehr vom Frage-Antwort-Schema bei Prüfungen. Vielleicht gibt es in Zukunft sogar in diesem Berufsfeld Assessments, bei denen Prüflinge gemeinsam in der Gruppe Praxisprobleme lösen müssen, weil so berufsrelevante Kompetenzen noch besser erkannt werden. Die Entwicklung in diesen Dingen steht erst am Anfang.

Auch Kolloquien bei Überprüfungen, Bewerbungsgespräche, Personalgespräche und knifflige Konfliktgespräche sind Kommunikationssituationen, in denen jeder Referendar, Berufseinsteiger oder Lehrer heutzutage systemisches Denken demonstrieren muss.

Wer dieses Trainingsprogramm absolviert hat, sollte für derartige Situationen bestens gerüstet sein.

3.5 Zur Belohnung

Ein berühmter Physiker lehrt uns:

> **„Wenn Sie so denken, wie sie immer gedacht haben,
> werden Sie so handeln, wie Sie immer gehandelt haben.
> Wenn Sie so handeln, wie sie immer gehandelt haben,
> werden Sie das bewirken, was Sie immer bewirkt haben."**
>
> (Albert Einstein)

Liebe Leserin, lieber Leser, wir gratulieren Ihnen zu Ihrem Durchhaltevermögen. Die Bilanz Ihres Trainings mit allen 153 Analysen der Praxisprobleme umfasst etwa 130 verschiedene Aspekte. Darin sind etwa 100 eindeutige Teiltheorien enthalten, wie z.B. die Theorie der *Körperkompetenzen*, Theorie des *reziproken Lernens*, Theorie der *Veränderten Kindheit*, Theorie der *Logischen Folgen* usw.

Die meistgenannten Begriffe sind sicherlich die *Lehrerpersönlichkeit, Kommunikation* und *Elternarbeit.*

Diese Theorien bedürfen natürlich Ihrer Recherche und Ihres Literaturstudiums. Das konnten und wollten wir mit dem Buch nicht abdecken.

Zum Schluss bitten wir Sie, sich per Mail mit Rückmeldungen an die Autoren zu wenden. Wir freuen uns über jedes Feedback.

sempf1@web.de

Zur Belohnung erhalten sie weitere Analysehilfen in digitaler Form.

4. Anhang: Analysebeispiele

Die folgenden Beispiele sind mit der Moderationssoftware PinKing 4.0 gemacht und in ihrer Art nochmals etwas anders als die bisherigen Mindmaps in unserem Buch. Das PP ist jeweils auf die kürzeste Formel gebracht. Im ersten Beispiel werden außerdem die Hauptursache hervorgehoben und in der Feinanalyse (auf der zweiten Zweigebene) Lösungswege angedeutet.

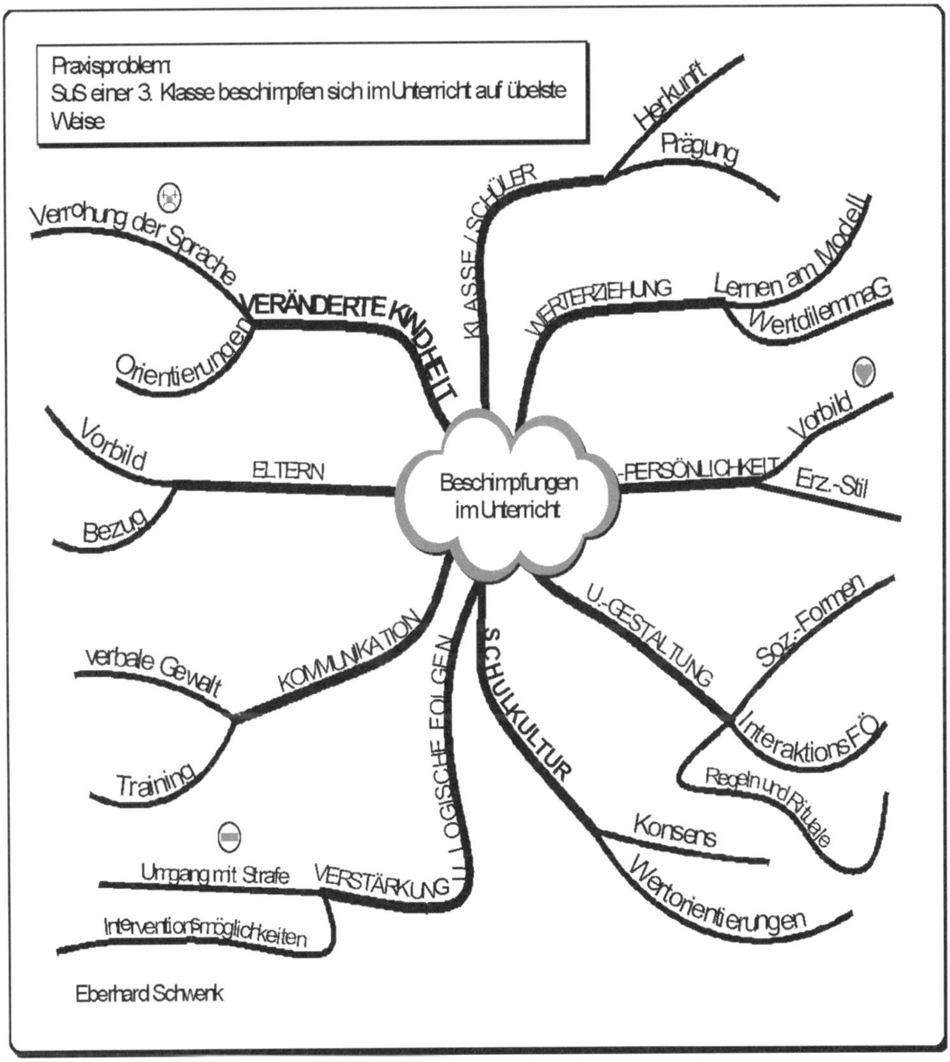

Abb. 53

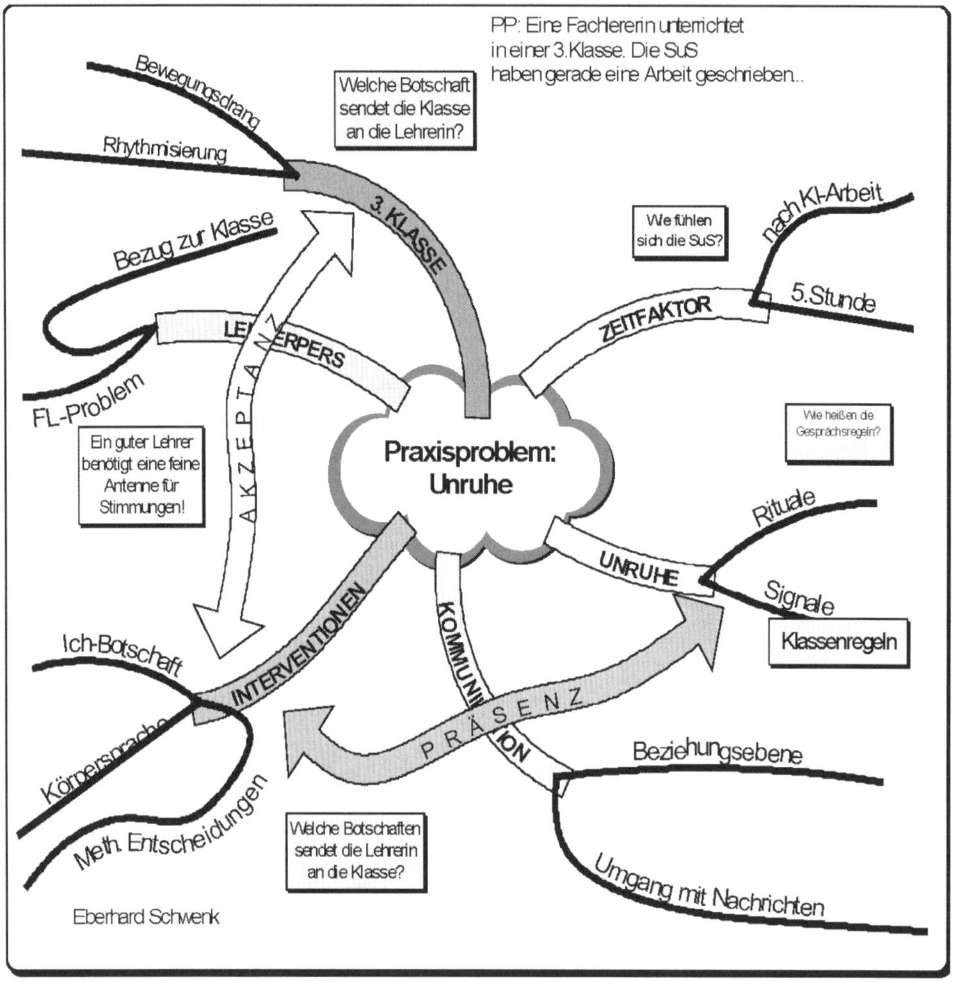

Abb. 54

In diesem Analysebeispiel sind die Aspekte der Grobanalyse und die Verzweigungen der Verfeinerung notiert. Zusätzlich finden sich mit der Akzeptanz und der Präsenz zwei zentrale handlungsleitende Orientierungen, denn die Lehrerin muss in einer Unruhesituation außerordentlich präsent sein um die Klasse führen zu können. Gegenseitige Akzeptanz ist die Grundvoraussetzung für jegliche sinnvolle Kommunikation in der Klasse.

Bei der dargestellten Problematik ist deshalb notwendig, dass die FL mit Sensibilität die Situation erfasst, die Aufgewühltheit nach der Klassenarbeit akzeptiert und entsprechend agiert.

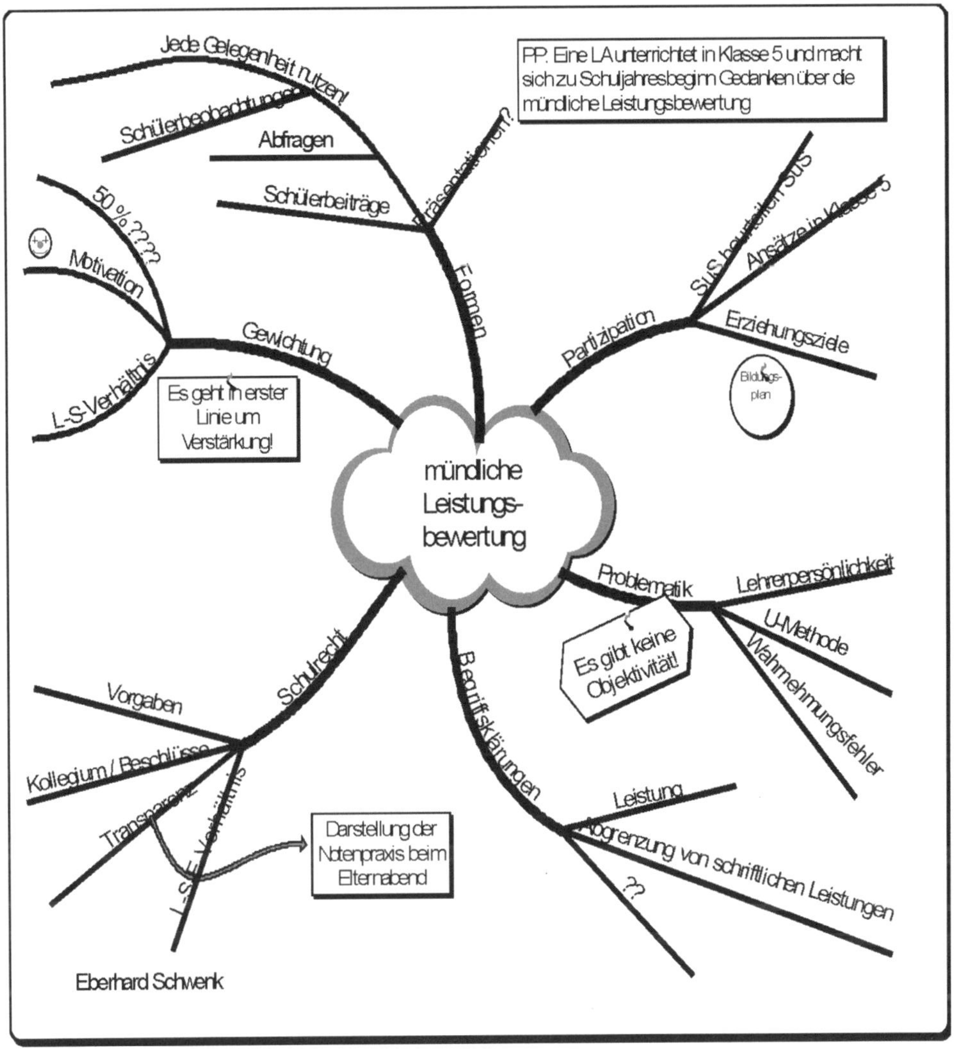
mündliche Leistungsbewertung
PP: Eine LA unterrichtet in Klasse 5 und macht sich zu Schuljahresbeginn Gedanken über die mündliche Leistungsbewertung
Jede Gelegenheit nutzen!
Schülerbeobachtungen
Abfragen
Schülerbeiträge
Präsentationen?
Formen
50 % ????
Motivation
L-S-Verhältnis
Gewichtung
Es geht in erster Linie um Verstärkung!
SuS beurteilen SuS
Ansätze in Klasse 5
Partizipation
Erziehungsziele
Bildungsplan
Problematik
Lehrerpersönlichkeit
U-Methode
Wahrnehmungsfehler
Es gibt keine Objektivität!
Schulrecht
Vorgaben
Kollegium / Beschlüsse
Transparenz
L-S-E-Verhältnis
Darstellung der Notenpraxis beim Elternabend
Begriffsklärungen
Leistung
Abgrenzung von schriftlichen Leistungen
??
Eberhard Schwenk

Abb. 55

4.1 Musterlösungen

Zum PP 2.4.2.4 von Seite 27 zeigen wir Ihnen drei Lösungsbeispiele von Referendaren. Die Lösungen sind alle verschieden und doch ähnlich!

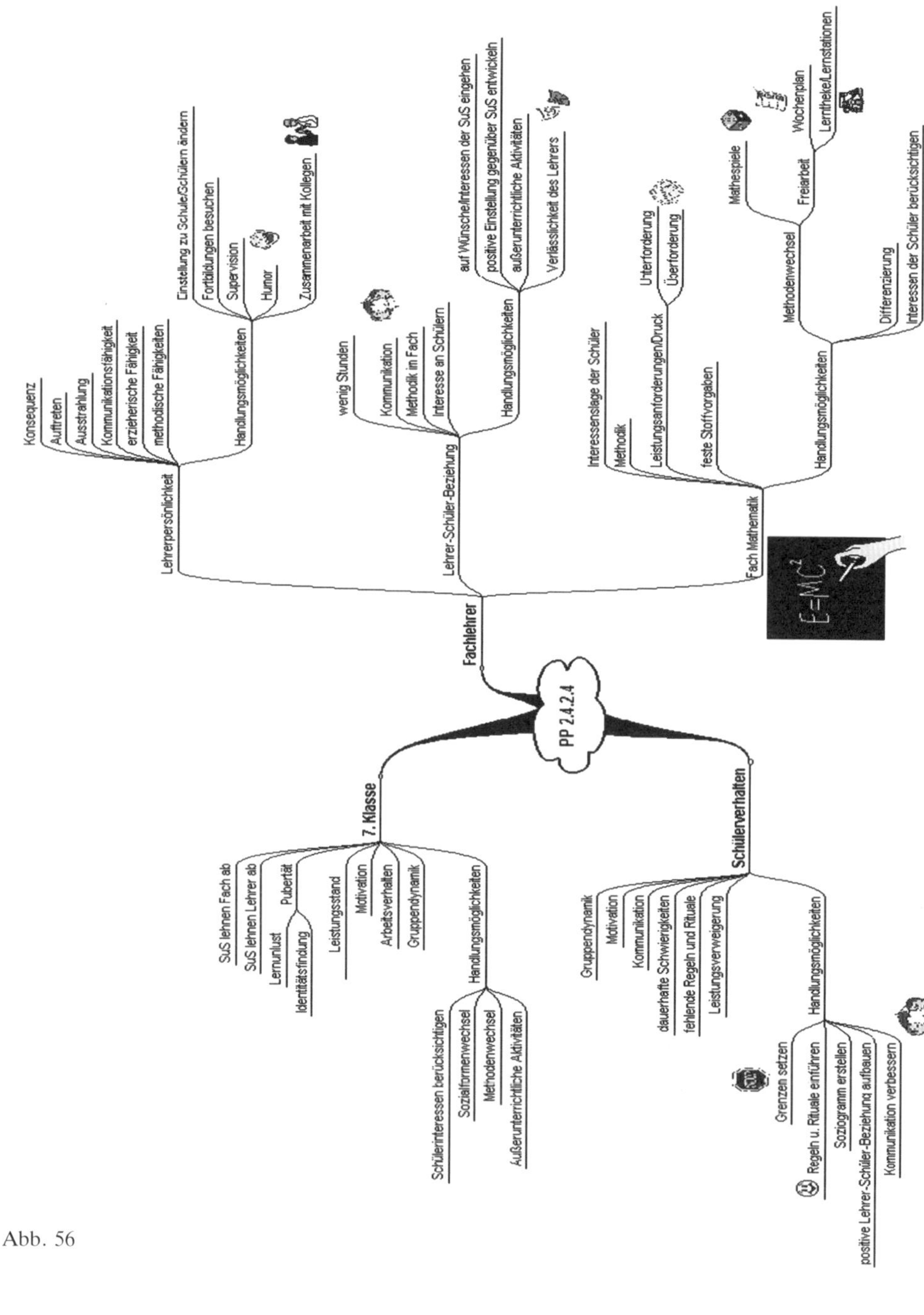

Abb. 56

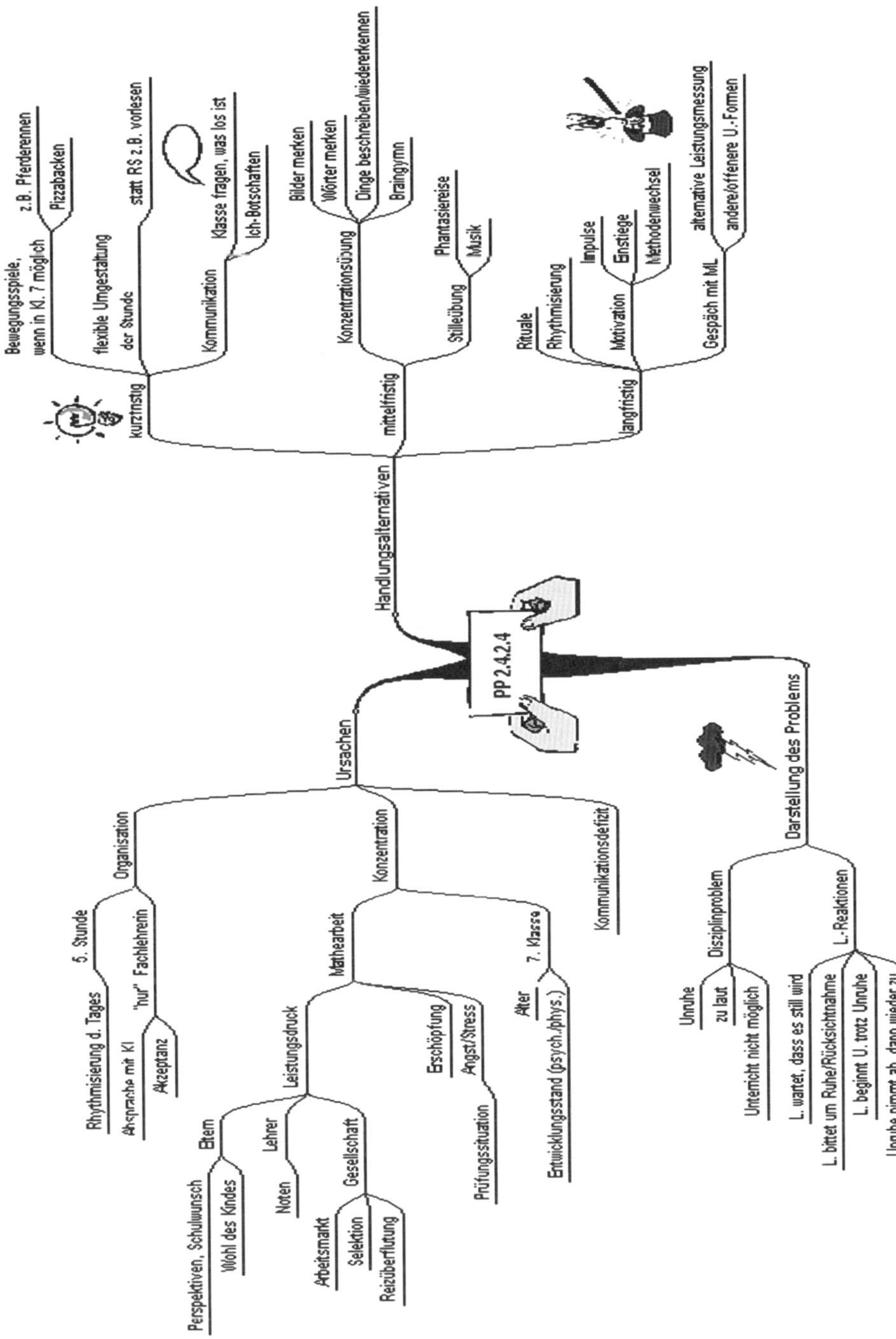
PP 2.4.2.4
Handlungsalternativen
kurzfristig
Bewegungsspiele, wenn in Kl. 7 möglich
z.B. Pferderennen
Pizzabacken
flexible Umgestaltung der Stunde
statt RS z.B. vorlesen
Kommunikation
Klasse fragen, was los ist
Ich-Botschaften
mittelfristig
Konzentrationsübung
Bilder merken
Wörter merken
Dinge beschreiben/wiedererkennen
Braingymn
Stilleübung
Phantasiereise
Musik
langfristig
Rituale
Rhythmisierung
Motivation
Impulse
Einstiege
Methodenwechsel
Gespäch mit ML
alternative Leistungsmessung
andere/offenere U.-Formen
Ursachen
Organisation
5. Stunde
Rhythmisierung d. Tages
"nur" Fachlehrerin
Absprache mit Kl
Akzeptanz
Konzentration
Mathearbeit
Leistungsdruck
Eltern
Perspektiven, Schulwunsch
Wohl des Kindes
Lehrer
Noten
Gesellschaft
Arbeitsmarkt
Selektion
Reizüberflutung
Erschöpfung
Angst/Stress
Prüfungssituation
7. Klasse
Alter
Entwicklungsstand (psych./phys.)
Kommunikationsdefizit
Darstellung des Problems
Disziplinproblem
Unruhe
zu laut
Unterricht nicht möglich
L.-Reaktionen
L. wartet, dass es still wird
L. bittet um Ruhe/Rücksichtnahme
L. beginnt U. trotz Unruhe
Unruhe nimmt ab, dann wieder zu

Abb. 57

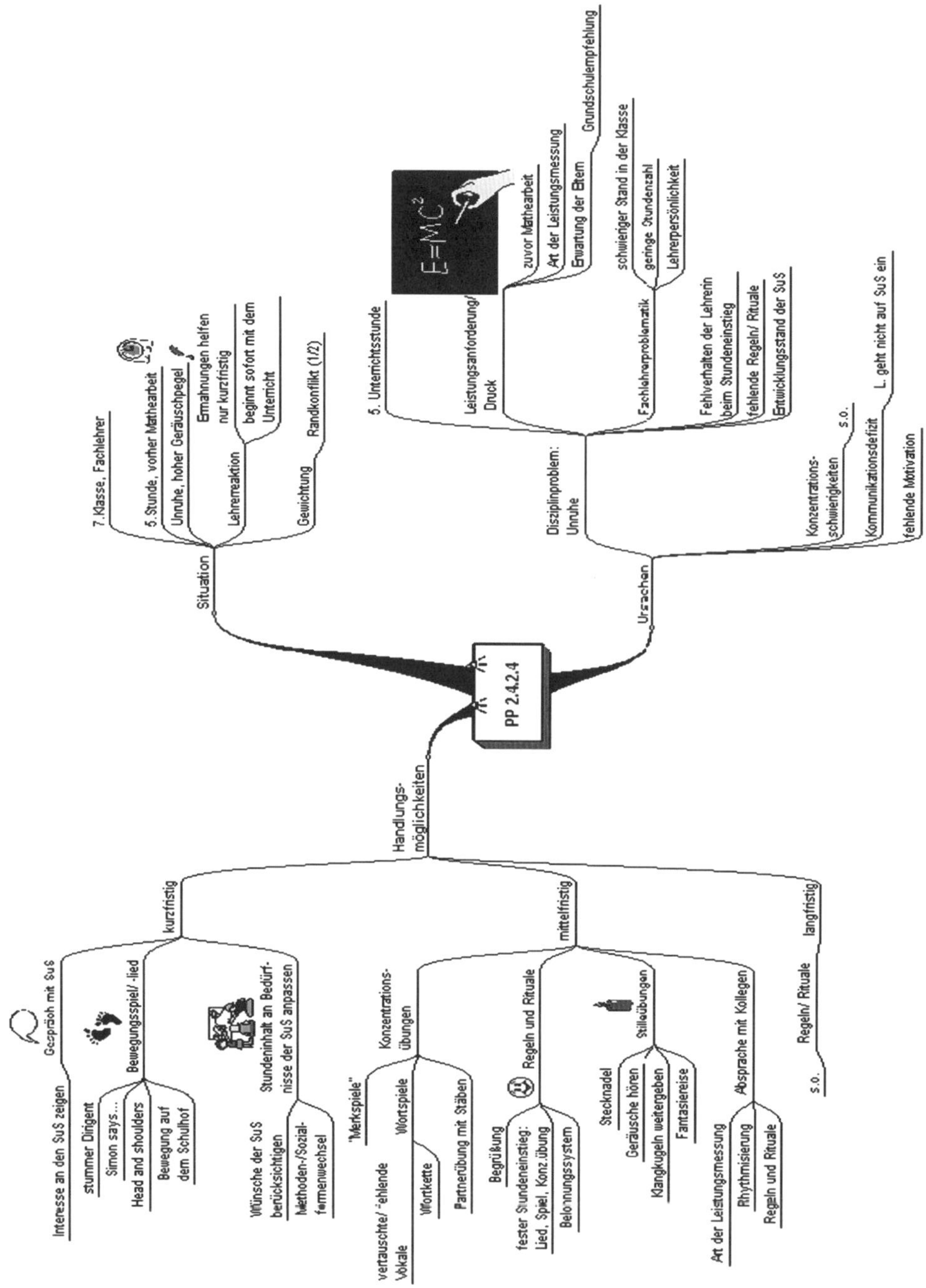

PP 2.4.2.4
Situation
7. Klasse, Fachlehrer
5. Stunde, vorher Mathearbeit
Unruhe, hoher Geräuschpegel
Lehrerreaktion
Ermahnungen helfen nur kurzfristig
beginnt sofort mit dem Unterricht
Gewichtung
Randkonflikt (1/2)
Ursachen
Disziplinproblem: Unruhe
5. Unterrichtsstunde
Leistungsanforderung/ Druck
E=MC2
zuvor Mathearbeit
Art der Leistungsmessung
Erwartung der Eltern
Grundschulempfehlung
Fachlehrerproblematik
schwieriger Stand in der Klasse
geringe Stundenzahl
Lehrerpersönlichkeit
Fehlverhalten der Lehrerin beim Stundeneinstieg
fehlende Regeln/ Rituale
Entwicklungsstand der SuS
Konzentrations-schwierigkeiten
s.o.
Kommunikationsdefizit
L. geht nicht auf SuS ein
fehlende Motivation
Handlungs-möglichkeiten
kurzfristig
Gespräch mit SuS
Interesse an den SuS zeigen
Bewegungsspiel/ -lied
stummer Dirigent
Simon says...
Head and shoulders
Bewegung auf dem Schulhof
Stundeninhalt an Bedürfnisse der SuS anpassen
Wünsche der SuS berücksichtigen
Methoden-/Sozialformenwechsel
mittelfristig
Konzentrations-übungen
"Merkspiele"
vertauschte/ fehlende Vokale
Wortspiele
Wortkette
Partnerübung mit Stäben
Regeln und Rituale
Begrüßung
fester Stundeneinstieg: Lied, Spiel, Konz.übung
Belohnungssystem
Stilleübungen
Stecknadel
Geräusche hören
Klangkugeln weitergeben
Fantasiereise
Absprache mit Kollegen
Art der Leistungsmessung
Rhythmisierung
Regeln und Rituale
langfristig
Regeln/ Rituale
s.o.

Abb. 58

4.2 Weitere Mind Maps

Zu weiteren Pädagogikthemen bieten wir Ihnen auf den Folgeseiten einige Mind Maps, die nach außen hin noch weiter verfeinert werden können.

Beispiel 1---------------LERNZIRKEL

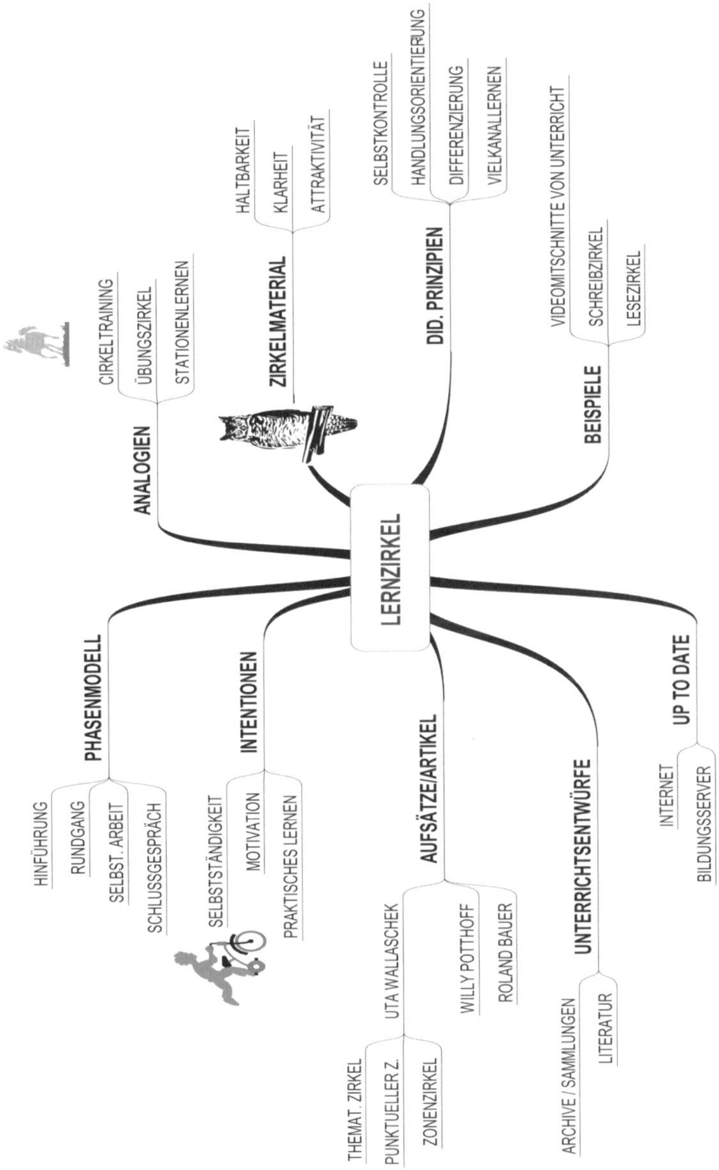

Beispiel 2--------------------------------Drucken

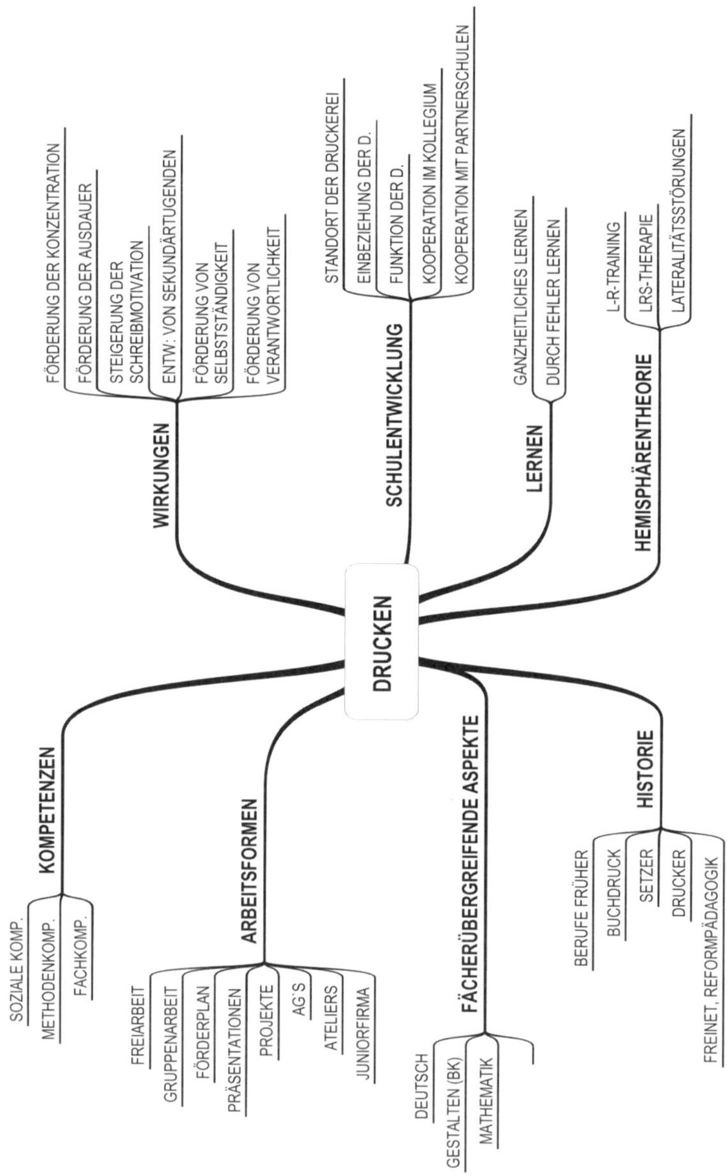

Beispiel 3--------------------------------Waldpädagogik

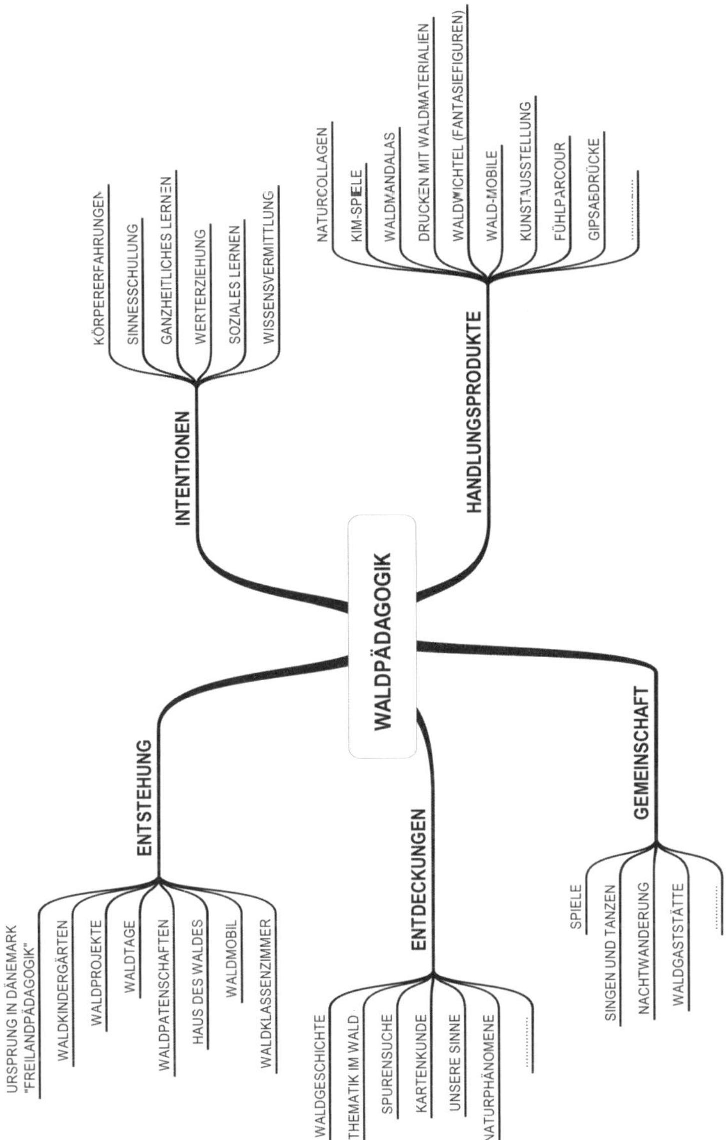

Beispiel 4-------------------------------Gesprächserziehung

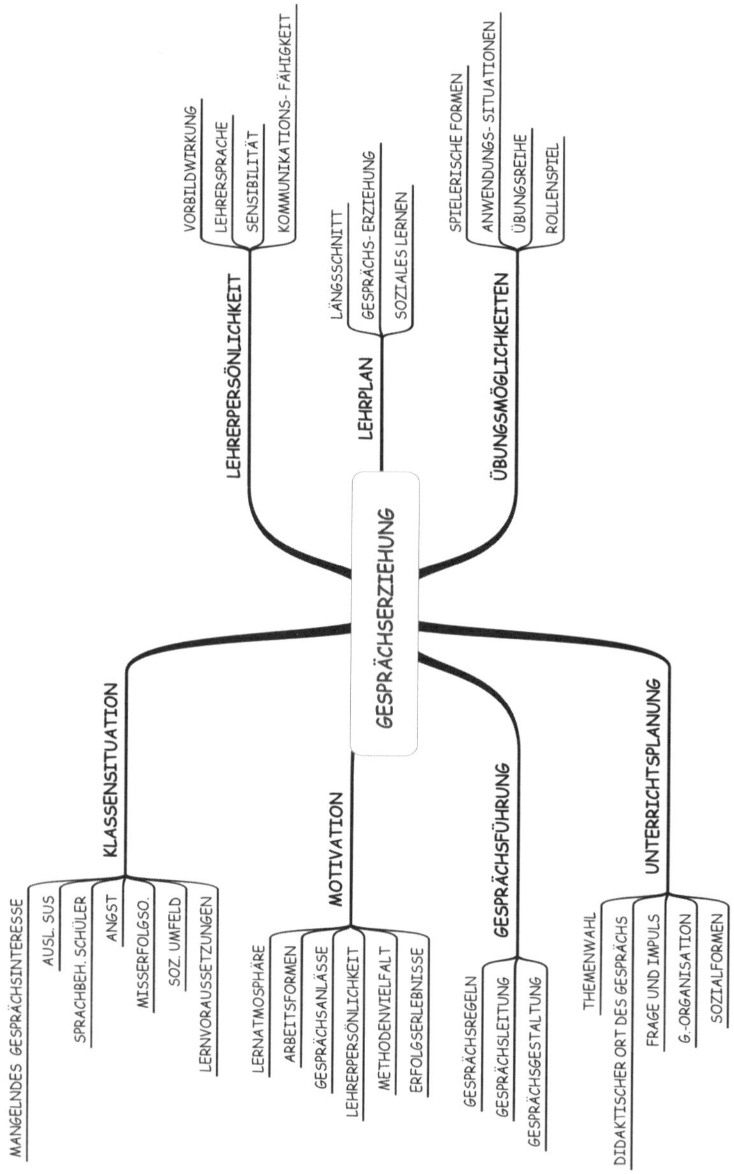

Beispiel 5----------------------------------Werterziehung

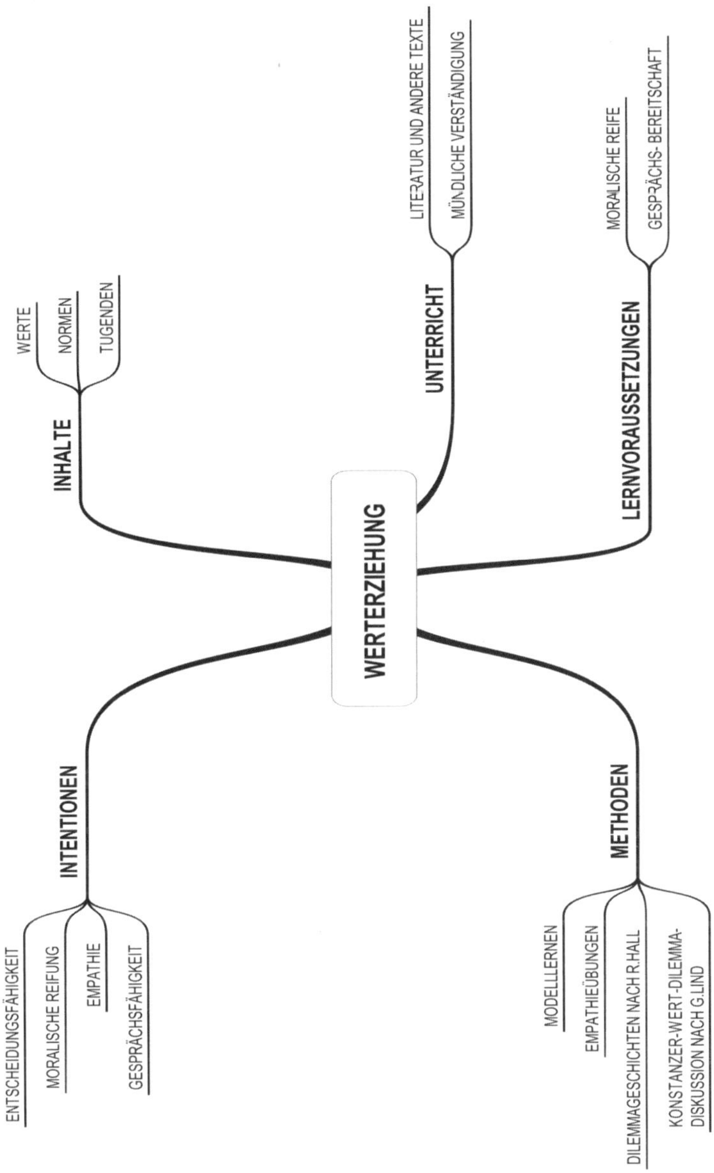

Anmerkungen

1 W. Klier, E. Schwenk: Grundzüge einer praxisorientierten Seminardidaktik. Universität Oldenburg 1993 in: Reihe Oldenburger Vor-Drucke, Nr. 199, 1995 3.Aufl. (spätere Nachdrucke durch die Lernwerkstatt am Seminar Pforzheim)

2 M. Bönsch nennt das von uns Gemeinte Beschreibung einer „konkreten Situation“ und deren Analyse nennt er „Anatomie von Alltagssituationen“ in: Beziehungslernen. Hohengehren 2002, S. 138f.

3 Handlungsfelder sind multifaktorielle, mehrdimensionale und mehrspektivische Gebilde mit hoher Interdependendenz und Interaktion zwischen den Faktoren und den handelnden Akteuren.

4 Für die Daseinsäußerungen der menschlichen Existenz werden die Begriffe Grunddaseinsfunktionen und Daseinsgrundfunktionen synonym gebraucht.

5 vgl. Ruppert K./Schaffer F.: Die Konzeption der Sozialgeographie, in: Geographische Rundschau 1969, S. 205ff. Das war die Geburtsstunde des Faches Weltkunde und der Ausgangspunkt interdisziplinären Lehrens und Lernens in der Schule.

6 siehe Hiller-Ketterer, I./G.G.Hiller: Fächerübergreifendes Lernen in didaktischer Perspektive. In: Duncker/Popp (Hrsg.) (1997), 166–195.

7 W.G. Mayer: Projektunterricht in der Primarstufe. Limburg1978

8 IDLL = Interdisziplinäres Lehren und Lernen war bis 2004 in Baden-Württemberg Ausbildungsfach an den Staatlichen Seminaren und wurde abgelöst durch den Trend zu Fächerverbünden, nicht nur in Baden-Württemberg.

9 neuer Bildungsplan Baden-Württemberg 2004

10 siehe zum Berliner Modell http://www.schulpaed.de/berliner_modell.htm

11 siehe http://www.learnlne.nrw.de/angebote/schulberatung/main/medio/banlass /lernen/lernen_uebersicht.html Siehe besonders das Kap. „Wissen braucht neuronale Vernetzung“

12 Synapsen sind Kontaktstellen zwischen Nervenzellen und anderen Zellen oder zwischen Nervenzellen untereinander. An ihnen findet die Erregungsübertragung statt. Der Begriff stammt von Ch. S. Sherrington (1897).

13 Defizite und Unzufriedenheit äußern Referendare im Verlauf des Vorbereitungsdienstes in stark zunehmendem Maße. Auch Berufseinsteiger im 2. oder 3. Dienstjahr üben heftige Kritik an der ersten Phase.

14 J. Kounin: Techniken der Klassenführung. Stuttgart 1976
Allgegenwart und Überlappung, Reibungslosigkeit und Schwung, Aufrechterhaltung des Gruppenfokus sowie Überdrussvermeidung heißen die Prinzipien.

15 Statt der Ausbildungsinhalte könnten aber auch die Merkmale Guten Unterrichts von Meyer, Helmke oder Unruh und ebenso Elemente einer Theorie der Schule das Netz umringen.

16 entnommen aus: Klier/Schwenk, Grundzüge S. 41 Diese Struktur wird von Referendaren gerne als Analyseraster bei Disziplinproblemen verwendet.

17 Zum ersten Mal ausführlich dargestellt in: E. Schwenk: Plädoyer für eine handlungsorientierte Lehrerausbildung in der Zweiten Phase. in: Günter Alfs u. a.(Hrsg.), Ausbildung der Ausbilder Metamorphosen II. Universität Oldenburg, Zentrum für pädagogische Berufspraxis, Oldenburg 1985

18 Alltagswirklichkeit wird hier in konstruktivistischem Sinne verstanden

19 entnommen aus: Klier/Schwenk, Grundzüge S. 18

20 Dieses Praxisproblem formulierte eine gymnasiale Fachleiterin bei einer Fortbildung in Thüringen.

21 entnommen aus: Klier/Schwenk, Grundzüge S. 37

22 vgl. dazu E. Schwenk: Mindmapping – eine unentbehrliche Technik, in: SEMINAR, Heft 4/1995, Merkur Verlag, Rinteln

23 Am Seminar Pforzheim verwenden wir die smart-Version, die Schüler und Referendare über die Schulen kostenlos erhalten.

24 PinKing 4.0 ist vergleichbar mit einem elektronischen Moderationskoffer – leider immer noch sehr teuer!

25 „Standbilder liefern eine körperlich-anschauliche Darstellung der sozialen Erfahrungen ...“ in H. Meyer: Unterrichtsmethoden II. Sccriptor 1987, S. 352

26 Siehe zu den dokumentierten Erfahrungen die Literaturliste S. 129

27 leicht verändert entnommen aus: Klier/Schwenk, Grundzüge S. 94

28 vgl. Georg E. Becker: Lehrer lösen Konflikte. Beltz 2006.

Veröffentlichungen – welche die Arbeit mit Praxisproblemen didaktisch begründen

1) Eberhard Schwenk: Plädoyer für eine handlungsorientierte Lehrerausbildung inder Zweiten Phase. in: Günter Alfs u.a.(Hrsg.), Ausbildung der Ausbilder Memorphosen II. Universität Oldenburg, Zentrum für pädagogische Berufspraxis, Oldenburg 1985

2) Wolfgang Klier, Eberhard Schwenk: Kooperationsfelder in derLehrerausbildung.in: Günter Alfs u.a.(Hrsg), Ausbildung der Ausbilder Metamorphosen II. Universität Oldenburg, Oldenburg 1986

3) Eberhard Schwenk: Verzahnung von Theorie und Praxis bei der Beratung in der Lehrerausbildung. In: Metamorphosen II, ebenda

4) Eberhard Schwenk: Die Zukunft hat schon begonnen – Gedanken zur Lehrerausbildung. In: Metamorphosen II, ebenda

5) Eberhard Schwenk: Das Pforzheimer Modell. in: Praktisches Lernen im Seminar, Heft 4/1990, Mitteilungen des Bundesarbeitskreises der Seminar- und Fachleiter e.V. (BAK), hrsg. v. Volker Huwendiek

6) Eberhard Schwenk: Praktisches Lernen im Seminar. in: Mitteilungen des BAK, Heft 1, Rinteln 1993

7) Wolfgang Klier, Eberhard Schwenk: Grundzüge einer praxisorientierten Seminardidaktik. Universität Oldenburg 1993 in: Reihe Oldenburger Vor-Drucke, Nr. 199, 1995 3.Aufl.

8) Wolfgang Klier, Eberhard Schwenk: Beratung im Vorbereitungsdienst aus ganzheitlicher Sicht. In: Zeitschrift SEMINAR, Heft 2/1995, Merkur Verlag Rinteln

9) Eberhard Schwenk: Mindmapping – eine unentbehrliche Technik, in: SEMINAR, Heft 4/1995, Merkur Verlag, Rinteln

10) Eberhard Schwenk, Bericht über eine Zukunftswerkstatt. in: SEMINAR, Heft 4/1995, Merkur Verlag, Rinteln

Perspektiven:

Leider entstand in den letzten Jahren keine neue Veröffentlichung zum Umgang mit Praxisproblemen in der Lehrerbildung, das steht noch aus.

Eine Video-DVD zur Prüfung mit Praxisproblemen wurde ebenfalls produziert und vom Förderverein der Lernwerkstatt am Seminar Pforzheim vertrieben. Auch daraus sollte noch ein Buchprojekt entstehen.

Liste der Mind Maps

S. 11	Auffälliger Schüler
S. 12	Außenseiter
S. 19	Autorität und Lehrerpersönlichkeit
S. 25	Erziehung im Unterricht
S. 32	Zusammenarbeit von Schule und Eltern
S. 39	Hausaufgaben
S. 46	Grobanalysen zur Klassenführung
S. 52	Klassenführung
S. 66	Kommunikation
S. 71	Gehirngerechtes Lernen
S. 73	Abschreibe- oder Übertragungsfehler
S. 80	Leistungsmessung und Notengebung
S. 88	Aggression und Gewalt
S. 92	Wege aus Aggression und Gewalt
S. 96	Motivation im Unterricht
S. 104	Guter Unterricht
S. 105	Beziehung gestalten
S. 106	Projekt-Methode
S. 107	Offener Unterricht
S. 114	Schuljahresanfang
S. 120	Problemschüler
S. 125	Maßnahmen für Klassen mit Problemschülern
S. 128	Unterrichtsmethoden
S. 145	Beschimpfungen im Unterricht
S. 146	Praxisproblem Unruhe
S. 147	Mündliche Leistungsbewertung
S. 148ff.	Musterlösungen zu PP 2.4.2.4
S. 151	Lernzirkel
S. 152	Drucken
S. 153	Waldpädagogik
S. 154	Gesprächserziehung
S. 155	Werterziehung

Mind Maps als Download unter: http:www.paedagogik.de/index.php?m=wd&wid=1816

1. Analyse von Disziplinproblemen
2. Handlungsmöglichkeiten bei Disziplinproblemen

Liste der Lösungshilfen und Tipps

S.2 Signalwörter

S. 3 Kernfragen

S. 10 Zeichnung

S. 10 Standbild

S. 28 Situationsskizze

S. 34 Empathieübung

S. 41 Ungewollte Nebenwirkungen

S. 48 Kopfstand

S. 50 Einbringen

S. 56 Praxis-Literatur

S. 58 Spurensuche

S. 76 6-3-5-Maps

S. 82 Kreativübung

S. 94 Sortieraufgabe

S. 100 Gelingende Beziehung

S. 102 Vernetzung

S. 124 Gewichtung

S. 141 Checklisten-Literatur

S. 144 Anders denken

Liste der Abkürzungen

ADHS	=	Aufmerksamkeitsdefizit-/Hyperaktivitätsstörung
CM	=	Concept Map oder Conceptmapping
FL	=	Fachlehrer
GLK	=	Gesamtlehrerkonferenz
GS	=	Grundschule
i.d.R.	=	in der Regel
ITG	=	Informationstechnische Grundbildung
KL	=	Klassenlehrer
MM	=	Mind Map oder Mindmapping
MNK	=	Fächerverbund Mensch Natur Kultur
MSG	=	Fächerverbund Musik Sport Gestalten
PP	=	Praxisproblem
RS	=	Realschule
S	=	Signalwörter
SoS	=	Schülerinnen oder Schüler
SuS	=	Schülerinnen und Schüler
WZG	=	Fächerverbund Welt Zeit Gesellschaft

Raum für Notizen

Raum für Notizen

Udo W. Kliebisch / Roland Meloefski

Lehrer*Sein*

Erfolgreich handeln in der Praxis
Band 1: Grundlagen der Pädagogik und Didaktik; Kompetenzen; Unterrichtsentwurf
4. überarb. und erw. Aufl., 2009. 207 Seiten. Kt.
ISBN 9783834006110. € 17,–
Band 2: Lehrerhandeln; Kooperatives Lernen; Soziales Lernen; Unterrichtsbesuch
4. überarb. und erw. Aufl., 2009. 239 Seiten. Kt.
ISBN 9783834006127. € 17,–
Beide Bände zusammen:
ISBN 9783834006134. € 29,80

Lehrer*Sein* (Band 1+2) sind praktische Arbeitsbücher für Lehramtsanwärterinnen und Lehramtsanwärter aller Schulformen; die Bücher können außerdem in der Fortbildung der berufserfahrenen Lehrerinnen und Lehrer genutzt werden. Die Inhalte der Bücher orientieren sich an einer aktuellen und zeitgemäßen Pädagogik, die einerseits den schülerorientierten Lehr-/Lernprozess, andererseits auch das Selbstbild und das Selbst-Management der Lehrperson im Blick hat.

Lehrer*Sein* (Band 1) vermittelt konkretes Handlungswissen für die Bereiche:

- Grundlagen der Pädagogik und Didaktik
- Kompetenzen
- Unterrichtsentwurf

Lehrer*Sein* (Band 2) vermittelt konkretes Handlungswissen für die Bereiche:

- Lehrerhandeln
- Kooperatives Lernen
- Soziales Lernen
- Unterrichtsbesuch

Lehrer*Sein* (Band 1+2) enthalten zahlreiche Beispiele, Übungen und Arbeitsanregungen zur theoretischen und praktischen Auseinandersetzung mit den alltäglichen Berufserfahrungen der Lehrenden. Für die Arbeit im Ausbildungsseminar lassen sich z. B. durch Zusammenstellen von Beispielen, Arbeitsanregungen und Übungen leicht ganze Sitzungen gestalten. Die Theorie-Praxis-Bausteine der Bücher können für die Lehramtsanwärterinnen und Lehramtsanwärter auch Grundlage zur Vorbereitung auf die Zweite Staatsprüfung und für Lehrerinnen und Lehrer mit längerer Berufserfahrung eine Hilfe zur Reflexion der eigenen Praxis sein.

Schneider Verlag Hohengehren
Wilhelmstr. 13; D-73666 Baltmannsweiler

Udo W. Kliebisch / Roland Meloefski

Lehrer*Alltag*

Erfolgreich handeln in der Praxis

Band 1: Unterrichts- und Verhaltensstörungen; Konflikte in der Schule; Stress und Stressbewältigung; Evaluation in der Schule
3. überarb. und erw. Aufl., 2009. 223 Seiten. Kt.
ISBN 9783834006202. € 17,–

Band 2: Classroom Management; Förderung; Zeit-Management; Selbst-Management des Lehrers
3. überarb. und erw. Aufl., 2009. 223 Seiten. Kt.
ISBN 9783834006219. € 17,–

Beide Bände zusammen:
ISBN 9783834006226. € 29,80

Lehrer*Alltag* (Band 1+2) sind praktische Arbeitsbücher für Lehramtsanwärterinnen und Lehramtsanwärter aller Schulformen; die Bücher können außerdem in der Fortbildung der berufserfahrenen Lehrerinnen und Lehrer genutzt werden. Die Inhalte der Bücher orientieren sich an einer aktuellen und zeitgemäßen Pädagogik, die einerseits den schülerorientierten Lehr-/Lernprozess, andererseits auch das Selbstbild und das Selbst-Management der Lehrperson im Blick hat.

Lehrer*Alltag* (Band 1) vermittelt konkretes Handlungswissen für die Bereiche:

- ❑ Unterrichts- und Verhaltensstörungen
- ❑ Konflikte in der Schule
- ❑ Stress und Stressbewältigung
- ❑ Evaluation in der Schule

Lehrer*Alltag* (Band 2) vermittelt konkretes Handlungswissen für die Bereiche:

- ❑ Classroom Management
- ❑ Förderung
- ❑ Zeit-Management
- ❑ Selbst-Management des Lehrers

Lehrer*Alltag* (Band 1+2) enthalten zahlreiche Beispiele, Übungen und Arbeitsanregungen zur theoretischen und praktischen Auseinandersetzung mit den alltäglichen Berufserfahrungen der Lehrenden. Für die Arbeit im Ausbildungsseminar lassen sich z. B. durch Zusammenstellen von Beispielen, Arbeitsanregungen und Übungen leicht ganze Sitzungen gestalten. Die Theorie-Praxis-Bausteine des Buches können für die Lehramtsanwärterinnen und Lehramtsanwärter auch Grundlage zur Vorbereitung auf die Zweite Staatsprüfung und für Lehrerinnen und Lehrer mit längerer Berufserfahrung eine Hilfe zur Reflexion der eigenen Praxis sein.

Schneider Verlag Hohengehren
Wilhelmstr. 13; D-73666 Baltmannsweiler